우리는 헤드헌터 입니다

우리는 헤드헌터입니다

— 피플케어 헤드헌팅 사례집 —

신중진 외 10인 지음

마이클 조　은희주　김영순　하철호　홍순만
이정량　　Chole　윤정화　이리예　이제욱

피플케어코리아

들어가면서

안녕하십니까, 피플케어의 대표로서 '피플케어 이야기'를 책으로 소개할 수 있어 매우 기쁩니다.

<우리는 헤드헌터입니다>는 단순히 우리 회사의 이야기를 넘어, 헤드헌팅 업계에 깊은 통찰과 실질적인 도움을 제공하는 도서입니다. 특히 헤드헌터, 헤드헌팅 서비스를 이용하는 기업 관계자, 헤드헌터 진로를 고민하는 분들, 그리고 헤드헌팅 서비스에 관심 있는 모든 분들에게 귀중한 지침서가 될 것입니다.

이 책은 창업 스토리를 담은 피플케어의 첫 번째 책 <잘 나가는 기업 뒤에는 항상 헤드헌터가 있다>와 헤드헌팅 실전 입문을 다룬 두 번째 책 <억대 연봉 헤드헌터의 정석>에 이어, 우리의 역사와 미래를 연결하는 중요한 역할을 합니다. 이전의 두 권이 각각 피플케어의 과거와 현재를 기록했다면, 이번 세 번째 책은 미래를 향한 우리의 비전과 포부를 담고 있습니다.

들어가면서

〈우리는 헤드헌터입니다〉는 서울과 부산의 피플케어 컨설턴트들이 직접 경험한 사례를 통해, 헤드헌팅이라는 직업의 심층적인 면모를 탐구하고, 이를 통해 헤드헌터들의 실질적인 역량을 강화시킬 수 있는 내용을 담았습니다. 이 책을 통해 헤드헌팅 업계의 현실과 그 안에서의 다양한 도전, 그리고 이를 극복하는 방법을 제시함으로써 독자 여러분이 자신의 업무에 적용할 수 있는 구체적인 인사이트와 전략을 제공하려 합니다.

헤드헌터는 인력 채용 시장에서 독특하고 중요한 역할을 수행하고 있습니다. 단순히 직업을 알선하는 것을 넘어 사람과 사람을 이어주는 가교 역할을 하며, 각 개인의 잠재력과 기업의 필요를 정교하게 연결합니다. 이 작업은 기술과 직관, 그리고 인간에 대한 깊은 이해가 없으면 이루어질 수 없습니다. 이 모든 것의 근간은 피플케어의 슬로건이기도 한 '사람에 대한 존경심'이라고 믿습니다.

이 존경심을 바탕으로 우리는 각 인재를 단순한 후보자가 아닌, 그들의 개별적인 가치와 잠재력을 인정하고 존중하는 방식으로 접근합니다. 이는 헤드헌터에게 깊은 보람과 자부심을 선사하며 후보자와 기업에게는 진정한 변화를 가져다줍니다.

〈우리는 헤드헌터입니다〉가 헤드헌터들이 자신의 역할을 더욱 깊이 이해하고 전문성을 강화하는 데 도움이 되길 바랍니다. 헤드헌팅 서비스를 이용하는 기업에겐 더욱 효과적인 인재 채용 전략을 개발할 수 있는 기회가, 헤드헌터 진로를 고려하는 분들에겐 이 직업의 실체와 가능성을 깊이 탐구할 수 있는 기회가 되길 바랍니다.

　저는 이 책이 헤드헌팅 업계에 새로운 기준을 제시하고, 각자의 경력과 진로에 긍정적인 영향을 미치는 데 기여할 것으로 기대합니다. 독자 여러분의 지속적인 관심과 사랑에 감사드리며, 피플케어와 함께 더 밝고 희망찬 미래를 만들어가는 여정에 동참해주시길 바랍니다.

　감사합니다.

피플케어 그룹 CEO 신중진

홈페이지	www.peoplecare.co.kr
이메일	info@peoplecare.co.kr

차 례

들어가면서 / 5

1부 나는 왜 헤드헌터가 되었는가

1. 헤드헌터라는 직업 | 마이클 조   13
2. 내 인생의 삼모작 | 홍순만   18
3. 가슴은 뜨겁게 머리는 차갑게 | 하철호   23
4. 그 헤드헌터의 뒷모습 | 이제욱   27
5. 무조건 도전 | 김영순   29
6. 늦깎이 헤드헌터 파란만장 투쟁기 | 윤정화   34

2부 [노하우] 노력한 만큼 돌아오는 일, 헤드헌팅

1. 울고 웃고 마음졸이며 | 은희주   47
2. Best Practice | 마이클 조   52
3. 채용사와 후보자라는 두 고객 | 김영순   63
4. 9 to 6 | 이정량   89
5. 채용은 팀플레이다 | Chole   102
6. 무엇보다 신뢰 | 하철호   111

차 례

3부 사례
성공과 실패, 그 기로에서

1. 돈보다 큰 보람 | 은희주   121
2. 눈물로 씨를 뿌리는 자
   반드시 그 열매를 얻게 되리라 | 홍순만   130
3. 위기를 통해 얻는 것 | 이리예   139
4. 헤드헌터로서의 시험대 | 이정량   154
5. 마음과 마음, 그 사이 | 이제욱   160
6. 어려운 포지션은 있지만
   어려운 고객사는 없다 | 하철호   173

4부
우리의 미래는 사람이다

1. 대한민국 헤드헌팅 시장은? | 홍순만   183
2. 우리 모두가 메달리스트 | 은희주   187
3. 전망(맺음말에 겸하여) | 신중진   190

우리는 *헤드헌터* 입니다

1부

나는 왜 헤드헌터가 되었는가

1. 헤드헌터라는 직업 — 마이클 조
2. 내 인생의 삼모작 — 홍순만
3. 가슴은 뜨겁게 머리는 차갑게 — 하철호
4. 그 헤드헌터의 뒷모습 — 이제욱
5. 무조건 도전 — 김영순
6. 늦깎이 헤드헌터 파란만장 투쟁기 — 윤정화

헤드헌터라는 직업

<u>마이클 조</u>

최근에 X세대의 조기 퇴직 및 정년 도래, 그 이후 세대의 Work&Life Balance 추구 등의 트렌드로 인해, 시간적으로 비교적 자유로운 헤드헌터를 희망하는 인원들이 예전에 비해서 증가하고 있는 추세이다.

그렇지만 시간적 자유로움, 억대 연봉, 평생직장 등의 이점만을 생각하고 의욕만으로 헤드헌터 업계에 발을 들여서는 처음부터, 소위 잘나가는 억대 연봉의 헤드헌터가 될 수 없다. 한편으로는 헤드헌터 업계에 발을 들였다가 뚜렷한 성과도 내지 못하고 중간에 관두는 사례들도 그만큼 비례해서 증가하고 있기 때문이다.

헤드헌팅 업계에 발을 들이고, 잘 나가는 억대 연봉의 헤드헌터가 되기 위해서는 우선 각 기업이 경력사원을 채용하는 이유와 헤드헌터를 활용하는 이유부터 먼저 정확하게 이해해야 한다. 기업의 규모가 크든 작든 기업이 경력사원을 채용하는 이유는 첫 번째, 기업의 성장(미래 준비,

신사업 추진, 역량 강화 등을 포함), 두 번째, 조직&내부 시스템의 변화, 세 번째, 구성원들의 퇴사로 인해 발생하는 Capability Hole을 적기에 메우기 위함이다.

그렇다고 해서 각 기업이 경력사원을 채용하기 위해서 처음부터 채용을 서치펌과 헤드헌터에게 의뢰하는 것은 아니다. 기업 입장에서는 한 명을 채용하는 데, 적게는 몇백만 원부터 많게는 몇천만 원까지의 비용을 들인다. 이러한 비용 문제 때문에 기업의 규모와 상관없이 모든 기업들이 자체적으로 먼저 채용을 해보다가 기업 내부의 자체적인 채용 역량의 부족, 기업 자체적으로 채용하기 어려운 포지션, 시간적으로 Right Time의 채용이 필요한 경우 등등의 경우에만 많은 비용을 들여서 서치펌과 헤드헌터들을 활용하고 있다.

따라서 고객사의 입장에서 볼 때, 많은 비용을 들여서 서치펌과 헤드헌터를 활용하는 만큼 우리는 고객사가 지불하는 비용보다 더 큰 가치를 제공할 수 있도록 노력해야만 한다. 그래야 기업과 서치펌, 인사·채용 담당자와 헤드헌터 간의 Win-Win 관계가 지속적으로 유지되고 이어질 수 있다.

나는 글로벌 대기업과 중견기업에서 HR실무자, 팀장, 실장을 경험하고, HR임원으로 퇴임하였다. 제2의 인생을 어떻게 살아갈까 고민하다가 일을 해 나가는 데 있어서 시·공간적인 자유로움과 워라밸을 고려해서 헤드헌터 업계에 발을 들이기로 하였다. 동시에 평소에 관심이 많았던 HR컨설팅과 강의도 병행하기로 하였다. 30년간의 HR경험으로 인해 기업의 경력사원 채용&헤드헌터 활용 이유, 헤드헌팅 업무 프로세스(고객사 구축, 오더 접수, 후보자 서칭, 후보자 제안, 채용 전형 Follow Up, 사후관리), 고객사와의 관계 형성 등에 대해서는 별도로 학습하거나 준비할 필요는 없었다.

헤드헌터 업계에 발을 들이면서 내가 맨 처음에 가장 고민했던 것은 워라밸을 감안해서 어떤 목표로, 어떤 고객사를, 얼마나 확보해야 하는지에 대한 것이었는데, 이 부분은 우선 내가 다녔던 회사를 중심으로 고객사를 확보하고 헤드헌터 업무를 실제로 경험해 나가면서 부딪쳐 보고 결정하기로 하였다.

고객사는 여러 채널을 통해서 확보해 나갈 수 있지만 자신이 다녔던 회사와 네트워크를 통한 방법이 가장 확실하고 빠른 방법이다. 처음부터 헤드헌터 업계에 발을 들이는 경우에는 상공회의소, 각종 구인광고, 지역&직종별 인사·채용 담당자 모임 등의 다양한 채널과 방법을 통해서 고객사를 별도로 개척해나가야 한다. 나는 다행히 직장생활 당시에 관계 형성이 나쁘지 않았던 영향인지 많은 HR 선후배의 도움도 있었고, 내가 보유한 HR 네트워크를 통해서 대기업 3개 회사의 오더들을 받아서 헤드헌팅 업무를 시작하게 되었다.

또한 처음에는 헤드헌팅 업무 이외에 HR 컨설팅을 하고 있는 선후배들과 함께 여러 중견기업에 전체 HR 시스템에 대한 컨설팅, 전체 감독자와 팀장들을 대상으로 차수별 노무관리 교육, 리더십 교육을 하였고, 중국, 베트남, 폴란드 등 해외에 법인/공장을 설립하기 위한 전반적인 HR 프로세스에 대한 컨설팅 등도 진행하였다.

퇴임 후 쉬다가, 첫해의 하반기부터 헤드헌터 업무를 시작했는데 6개월 동안 3개 회사에 15명을 성사하였다. 두 번째 해에는 HR 네트워크를 통한 고객사의 추가 확보와 더불어 기존의 3개 고객사의 채용 관계자들이 내가 추천한 후보자들의 수준, 역량, 성공률이 다른 서치펌과 헤드헌터에 비해서 높다면서 다른 회사의 지인들을 소개해 주어서 총 9개의 고객사를 확보하게 되었다. 고객사와의 좋은 이미지 및 관계 형성이 별도의 추가 노력 없이 고객사 수를 늘려 준 계기가 된 셈이다. 두 번째 해에는 첫해의 경험을 바탕으로 연간 20명의 목표를 세웠는데 23명을 성사하게 되었다.

그런데 첫해부터 병행해 오던 HR 컨설팅과 강의로 인해서 시간 관리에 조금씩 문제가 생기기 시작했다. HR 컨설팅과 강의를 위한 고객사로의 이동, 고객사 니즈 분석, 컨설팅, 강의, 강의자료·리포트 작성 등으로 인해서 시·공간상의 자유로움을 방해받았고, 애초에 계획했던 워라밸과 생활 패턴이 무너지게 되었다.

결국 워라밸을 감안해서 시·공간상의 제약이 많은 경우에는 HR 컨설팅과 강의는 하지 않는 것으로 하고, 시간적 여유가 있을 때만 틈틈이 컨설팅을 하는 선후배를 돕는 정도로만 하기로 하였다. 그리고 상대적으로 시간이 자유로운 헤드헌팅 업무에만 집중하기로 방향을 선회하였다.

약 2년간의 헤드헌터 경험을 바탕으로 '연간 목표는 몇 명, 고객사는 몇 개가 적정할까?'라는 본격적인 고민을 하였다. 시간이 여유로운 삶과 그동안의 경력을 고려해서 현재의 나에게는 연간 목표 20명이 적정하다는 결론을 내리게 되었다. 그리고 제2의 인생을 살고있는 나의 워라밸을 유지하는 여유로운 삶을 위해서는 나이가 듦에 따라 이 목표를 조금씩 줄여가는 것이 좋겠다는 결론도 내렸다.

고객사 수가 적으면 목표 달성이 어려울 것이고, 고객사가 많으면 오더에 제대로 대응하지 못 해서 서치펌도, 헤드헌터도 이미지만 나빠질 것 같다는 생각도 들었다. 그래서 20명이라는 연간 목표와 연동하여, 고객사 별로 연간 3~4명을 성공한다면 6개 정도의 우량 고객사가 적정할 것 같다는 결론도 내렸다.

이러한 생각을 바탕으로 3년 차에도 20명을 목표로 시작했는데, 2년간 50%의 실적을 담당해왔던 주요 고객사 2개가 여러 방면을 통해 당해의 경영환경이 좋지 않을 것으로 예상은 하고 있었지만, 채용 관계자들과의 의사소통 결과, 예상 밖으로 더욱 나빠져서 이전까지는 거의 매월 있었던 오더가 그해에는 아예 없을 수도 있다고 하였고, 실제로 그것이 현실화되었다. 따라서 목표 달성에 차질이 예상되었다. 채용, 특히 서치펌과 헤드헌터를 통한 경력 채용은 경영환경의 영향을 많이 받는다는 것을 직장생활 당시 경험했고, 헤드헌터를 하면서 이 문제를 실제로 또 겪게 되었다. 따라서 경영환경 등을 감안하면 고객사 수를 30% 정도는 여유 있게 가져가는 것이 좋겠다는, 경험을 통한 결론도 내리게 되었다. 주 고객사의 경영악화와 오더 축소에 대응하기 위해서, 애초에 정리해야겠다고 생각했던 고객사도 더 집중하여 이전보다 많은 성과를 내게 되었고, 타 컨설턴트들의 오더에 대한 Co-work도 참여하고, 고객사도 추가로 확보하여 난관을 극복하여 현재는 총 12개의 고객사를 가지게 되었다. 추후 나이와 연동하여 연간 목표를 줄여 나갈 때는 고객사 수도 함께 고민해야 할 것 같다.

내 인생의 삼모작

홍순만

비교적 늦은 나이에 시작한 헤드헌터라는 직업은 나에게 있어서 인생 삼모작의 커리어이다. 내가 헤드헌터를 하게 된 스토리를 통해, 헤드헌터에게 필요한 자질을 이해하는 데 도움이 되길 바란다.

대한민국 남성들은 보통 학교와 병역을 마치면 사회에 진출하는 나이가 빨라야 25세이다. 그 이후 한 직장이든 여러 직장이든 간에 약 20~25년을 근무하면 임원이 되어야 하는 시점이 도래한다. 나 역시도 비슷한 경험을 한 것 같다. 1963년에 태어나서 7살에 초등학교를 입학하여 1981년에 재수하지 않고 대학교에 입학하고 카투사 시험에 합격하여 2학년 때 군대에 가려고 하였으나 졸업정원제라는 제도의 벽에 가로막혀(졸업정원제는 83년경에 흐지부지 없어졌다.) ROTC를 선택해 졸업 후 장교로 복무하고 87년도에 전역하게 되었다. 당시에는 대한민국 경제가 급성장하여 졸업 후에 기업체에 취직하는 것이 그리 힘든 상황이 아니었고 오히려 직장을 골라서 가야 하는 정도의 호경기를 맞았던 시대였다. (요즘 젊은 구직자 후배 세대를 생각하면 미안한 마음이 많이 있다)

대기업에 취업하여 같은 곳의 해외주재원(프랑스 파리)을 30대 초중반, 40대 초중반 두 번을 근무하고 귀임하여 22년 차 근무하던 어느 날, 그때만 해도 상대적으로 생소한 헤드헌터로부터 이직 제안(임원급 스카우트)을 받게 되어서 산업군이 완전히 다른 대기업 임원(해외영업담당 상무)으로 가게 되었다.

사실, 헤드헌터의 이직 제안은 나에게 직접 온 것이 아니라 공교롭게도 나와 한동안 같이 근무하였던 직장 후배가 어느 날 나에게 "선배님, 헤드헌터 한 분이 선배님에게 모 대기업 임원 포지션 제안을 할 터이니 모르는 체하고 전화 받아 주이소." 하였던 것이다.

그 직장 후배도 해외주재원(남아공) 근무 복귀 후에 이직을 생각하던 차에 헤드헌팅 포털사이트에 본인의 이력을 올렸더니 헤드헌터에게 연락이 왔고, 나이나 경력이 상대적으로 부합되지 않다고 판단된 헤드헌터가 그 친구에게 "주위에 좋은 분 계시면 추천해 주셔도 무방합니다."라고 귀띔하였는데, 그 후배가 나를 생각하고 추천하였다는 사실을 나중에 알게 되었다.

기존에 오래 다녔던 회사에 대비해 생소한 회사에서의 임원 생활은 그리 쉽지 않았다. 우선 다루었던 제품과 산업군과 달리 워낙 생소한 제품과 산업군을 대하게 되니 쉽게 러닝이 되지 않았고(이 점은 신입사원이나 중간관리자는 상대적으로 극복이 쉬웠을 것으로 생각된다.) 모든 게 낯선 직장 상사와 부하 사원들 가운데 끼어서 많은 스트레스를 받았던 것 같다. 그

덕택(?)에 목디스크라는 병을 난생 처음 앓게 되었고 임원 생활은 오래 가지 못 했다. 여기까지가 내 인생 일모작이다. 다행히 그곳에서의 임원 생활을 벗어나니 나를 괴롭혔던 목디스크가 치료와 더불어 말끔하게 없어졌다.

그때 내 나이 49살. 50살 직전에 경력이 단절되니 눈앞이 캄캄하였다. 전문직이나 전문직 자격증을 취득하지 않고 그런 경력을 쌓지도 않았으며 경력단절의 한파에 직면한 내 모습 앞에 처음으로 아연실색하였다. 물론 전문직이라고 경력단절의 한파가 없으리란 보장은 없겠지만.

내 인생 이모작의 시작은 자영업이었다.

다행히 감사하게도 적지 않은 사업밑천이 있었다. 주변 지인 중에 노량진에서 고시원을 운영하였던 분이 있어서 고시원 사업에 관한 이야기를 듣게 되었다. 당시는 2014년이었는데 공무원 시험을 치는 청년들이 매우 많은 시절이었고 이에 따라 노량진 고시원은 매우 인기가 높아서 비교적 안정적인 수입이 확보되었다. 당연히 노량진 좋은 길목의 고시원은 매물로도 쉽게 나오지 않던 시절이었는데 노량진 인근 대방역 근처(당시는 대방역 근처도 노량진 배후로 고시학원들이 많았다.)에 고시원이 매물로 나와 본격적으로 인수하여 자영업의 세계에 뛰어들게 되었고 이후에 장승배기에 고시원 하나를 더 인수하고 급기야 대방역 근처에 추가로 하나를 더 인수하게 되었다.

자영업 운영이 잘 되었던 초반 4년은 회사원 생활보다 수입이 좋은데다 매일 출근하여 격무에 시달리지 않고 주중에도 내 시간을 이용하면서 골프까지 즐길 수 있어서 '이런 세상도 존재하는구나!' 라면서 자영업 찬미론자가 되었다. 그렇게 8년 가량 고시원 세 개를 운영 중 중간에 수익성이 너무 안 좋은 한 개를 폐업하고 나머지 두 개를 운영하였는데 후반 4년은 코로나 및 여러 외부 환경이 급격히 안 좋아지는 바람에 운영을 중단하는 상황에 이르게 되었다.

여기까지가 인생 이모작이다. 이모작까지 걸어온 나이가 58살.

기업체의 협찬(?)을 받아서 살아온 월급쟁이 인생 25년, '내돈내산'처럼 내 자본과 노하우로 자립한 자영업자 생활 8년. 두 가지를 다 해 보았으니 인생에 후회는 없어 보였다. 그런 경험 때문에 나보다 직장을 늦게 퇴직한 몇몇 후배들이 나를 찾아와 생생한 생활 전투 경험담(?)을 묻기도 하고 퇴직 후에 무엇을 해야 하나 고민을 상담하기도 하였고 나도 먼저 겪은 생생한 경험을 이야기해 주곤 하였다. 그 사이에 '숨고'라는 앱을 통해 내가 가진 재능 중 하나인 불어 통역 및 불어 개인 교습 등을 통해 프랑스 통역 출장을 두 번이나 다니기도 하였다. 내 재능을 인정받는다는 점에서 재미와 보람이 있는 프리랜서였지만 그나마 그것도 적지 않은 나이로 인해 고객들이 많이 찾아 주지는 않았다.

58살? 적지도 많지도 않은 나이……. 재취업도 쉽지 않은 나이이고 자영업의 함정(?)도 깨달은 나이……. '아, 자본 없이 내 재능으로 할 수 있는 게 없을까? 그러면서도 직장의 조직 생활에 구애받지 않고 좀 더 자유로운 직업은 없을까?' 고민하다가 문득 헤드헌터라는 직업이 떠올랐다. 나 또한 헤드헌팅 당한(?) 사람 아니었던가?

나는 뭔가에 한 번 꽂히면 반드시 빨리 실행에 옮겨야 직성이 풀리는 성격의 소유자이다. 그리하여 용기를 내어 국내 굴지의 헤드헌팅 회사의 이메일을 찾아서 circular letter를 보내기 시작하였다. 이때가 2022년도 봄.

몇 군데 헤드헌팅 회사에서 연락이 왔고 어떤 헤드헌팅 회사 대표로부터는 노골적으로 "선생님의 경력과 이력은 다 맘에 드는데 나이가 너무 많으셔서 같이 일하기는 어려울 것 같습니다."라는 피드백을 받았다. 솔직한 피드백에 감사하였다. 아. 그래 내가 결코 적지 않은 나이지……

이후 세 개의 헤드헌팅 회사에서 연락이 왔고, 그중에서 피플케어를 선택하게 되었다. 선택의 이유는 첫째로 자유로운 근무 제도였다. 사실 헤드헌팅은 업의 특성상 굳이 사무실에 출근하여 붙박이로 근무할 필요가 없는 '디지털 노마드' 직종이다. 두 번째는 회사에서 신규 고객사를 부여해 준다는 점이었다. 피플케어처럼 잘 알려지고 기반이 단단한 회사는 굳이 push marketing을 하지 않고 pull marketing을 해도 될 정도로 영업 기반이나 보유 고객사가 단단하기 때문에 늙은(?) 나이에 일일이 고객을 확보하기 위해 영업활동을 하지 않아도 된다는 장점이 있기 때문이다. 이렇게 멍석을 깔아주는 헤드헌팅 회사는 국내에 별로 많지 않다고 믿는다.

이렇게 해서 2022년 4월 1일, 나의 인생 삼모작 커리어가 시작되었다.

가슴은 뜨겁게 머리는 차갑게

하철호

40대 중반, 회사에서도 아주 중추적인 역할을 하고 집안에서도 한창 아이에게 돈이 들어갈 나이에 회사 사정으로 직장을 그만둬야 하는 기로에 있었다. 새로운 직장을 들어가기에는 한국 사회 특성상 조금은 많은 나이라, 사업을 할지, 동남아에서 사업을 하는 친구와 일도 배울 겸 동업해 볼지, 귀촌해서 부모님이 물려주신 땅으로 특용작물을 재배해 볼지, 다방면으로 고민하고 있을 때 어느 헤드헌터 분의 연락을 받았다.

'외국계 자동차 부품사의 재무 포지션이 있는데 지원하실 의향이 있냐'는 문의에 기존에 내가 해온 업무는 경영기획팀에서 경영관리, 투자 분석, 전략 수립 등의 업무인 터라 결이 조금 다르다는 생각에 지원을 거절했다. 그런데 그 헤드헌터는 지방이라 동일 직무의 후보자가 별로 없어 유사한 업무만 해도 충분히 합격이 가능하다는 감언이설로 설득했고, 어쩔 수 없이 지원하게 되었는데 아니나 다를까 결과는 뻔했다.

 결과가 너무도 당연하다는 생각과 함께 '저렇게 직무 구분조차 못 하는 사람도 하는데 차라리 내가 헤드헌터를 해보면 어떨까?'하는 생각이 번쩍 들었다. 그래서, 거주하는 지역이 부산권이라 지역에 본사나 사무소를 둔 업체를 뒤져보니 몇 개 업체가 나왔다.

 그중에서도 업력도 있고 '사람에 대한 존경심'이라는 모토가 마음에 드는 업체가 있었다. 사람을 상대로 하는 직업 특성상 상대에 대한 존중을 기본으로 하지 않으면 나중에 많은 문제가 야기될 것이고 결국은 일이 힘들어질 것이라는 생각에 무작정 '이 회사구나!' 하는 생각이 들었다. 그래서 이력서를 잘 정리해서 지원했고 며칠 후 면접을 보게 되었다. 면접에 대비해 헤드헌터 관련 책도 읽어보고, 헤드헌터로서 나름 앞으로의 전략 등도 잘 준비해서 합격할 수 있게 있었다.

 그런데 입사를 결정하고 난 후 주변에 알리자 걱정하는 지인들이 많았다. 이 업계를 조금이라도 아는 사람들은 '보험설계사나 치킨집 사장처럼 경쟁이 치열한 곳이라 80%는 자리만 지키다가 그만둔다.'고 했다. 그래서 정말 다녀야 할지 고민을 다시 진지하게 하게 되었는데, 문득 직전 회사에서 경영컨설팅을 받을 때 들은 '파레토의 법칙'이 생각이 났다. 내가 반대로 상위 20%가 되어서 업계를 선도하면 되지 무슨 걱정인가 하는. 그래서 사장님께 헤드헌터로서 나만의 전략 수립을 위해 입사를 한 달 정도 연기해 달라고 부탁하고 나만의 생존 전략을 수립했다.

 회사에서는 늘 갑의 위치에서만 근무한 터라, 관건인 나의 영업력을 어떻게 극복할지가 가장 큰 고민이었고, 외벌이로서 빠른 시일 안에 가정 경제에 보탬이 되어야 한다는 절박함 때문에 전략에 한 치의 오차도 없어야 했다. 그래서 나만의 전략을 '나의 역량적 관점, 고객사 관점, 경쟁사 관점, 후보자 관점'으로 구분하고 세분화해서 수립하기로 했다.

우선 나의 성향이나 역량적 차원에서의 장단점을 명확히 구분하고, 장점은 적극적으로 활용하고 단점 극복을 위해 보완해야 할 전략을 매일, 주간, 월간, 6개월, 1년, 그리고 2년까지의 실행 계획으로 나열했다. 영업 방식에 있어서 개인적으로 다른 방식에 비해 글솜씨가 상대적으로 우월한 편이라고 판단, 적극적으로 메일을 활용하기로 하고 차별화된 나만의 메일 문구와 홍보자료도 만들었다. 그리고 타겟 업체 선정을 위해 주변 인맥부터 검토를 시작해 헤드헌팅의 수요가 많이 발생할 것으로 예상되는 직군과 업종을 구분하였고, 매출 규모나 영업이익도 서치펌 활용의 중요한 척도가 되는 만큼 관련 자료도 같이 수집하였다. 지식이 부족한 업종에 대해서는 공부도 꾸준히 병행했다.

그리고 경쟁사(타 서치펌) 관점에서 업계 동향 파악을 위해 관련 카페 가입을 통해 정보를 습득하고 꾸준히 트렌드를 유지하도록 힘쓰고, 후보자의 관점에서 후보자의 행동 패턴이나 사고방식, 관행 등에 대해서도 꾸준히 고민하고 서칭 시 반영하도록 계획을 세웠다. 그렇게 세분화해서 생각하니, 막막하기만 했던 TOP 헤드헌터가 되기 위한 나만의 전략이 제법 구체적으로 세워지게 되었다.

그렇게 해서 한 달 후 입사를 하였고 하루라도 여유를 부리면 집안의 가장이란 역할이 무너지기 때문에 잠깐의 여유도 없이 실행에 옮겼다. 출근 시간에 오늘 할 일 정리, 오전엔 co-work 서칭, 오후엔 업체 영업

메일 발송과 영업 타겟 업체 서칭, 저녁 시간에는 이력서 정리 등 매일 빡빡한 일정을 소화하였고 틈틈이 주변 공단을 돌며 고객사 발굴을 위해 발품도 팔고 주말도 없이 계획한 대로 실행했다.

 그런 주도면밀한 계획과 실행을 하다 보니 어느새 고객사도 하나둘씩 늘기 시작했고 불안하던 통장 잔고도 조금씩 늘어 생활에도 어느덧 안정이 찾아왔다. 주변에서는 '일한 만큼 버는 자유로운 직업이라 남 눈치도 안 보고 시간 구애 없이 편하게 다닌다.'고 말했지만 돌이켜 보면 정말 치열한 하루하루였다. 나름 번듯한 직장에서 인정받는 부모님의 자랑거리인 아들로, 안정적이고 화목한 가정의 가장으로서의 책임을 포기할 수 없어 더욱 열심히 해야만 했기에 가능했다.

그 헤드헌터의 뒷모습

이제욱

21세기를 눈앞에 둔 1999년 초겨울, 투명하게 추운 어느 오후였다. 서울 역삼동 G타워 인근에 위치한 S기업 J대표님과 잠시 면담을 가졌던 기억이 떠오른다. 당시 대학원 졸업을 앞두고 진로를 모색하던 중이었고, IMF 구제금융 시기여서 나 역시 미래와 진로에 불확실한 두려움을 품었던 시절이다. 대학원 학과 사무실에서 추천해 주셔서 J대표님과 1년간의 인턴 근무에 대해 이런저런 이야기를 나누었다.

그분은 여성 PR 및 로비스트로서 저명한 분이었는데, 막상 내가 인턴으로 근무하면서 해야 할 일은, 'S기업 소속 헤드헌터의 업무 지원을 위한 데이터베이스 구축'이었다. 결론적으로 난 그 일을 해 보고 싶었다! 어딘가 은밀하면서도 프로페셔널한 향기가 배어나는 그 일이 마음에 들었고, 노타이 차림으로 사무실에서 외근을 나가는 한 남성 헤드헌터의 뒷모습이 부러웠다. (나는 그 분이 S기업의 홍보맨이 아닌 헤드헌터였다고 믿는다.)

같은 시기에 국내 모 대기업 입사가 확정되어 그곳으로 진로를 결정하게 되었고, 그로부터 20여 년이 훌쩍 지나 3년을 꽉 채운 헤드헌터로서 내 커리어의 3막을 살아가고 있다. 1막은 국내를 대표하는 제조기업에서 해외영업과 마케팅을, 2막 10년은 주한 스페인대사관에서 스페인 기업과 자본의 한국 시장 진출 업무를 수행했다. 현업에서의 20년간 만난 사람들, 국내 제조경제의 심장부인 생산직, 엔지니어로부터 제품을 판매하는 영업 부서와, 그들을 둘러싼 각 스텝 부서들, 협력업체와 금융기관에 투자·수출 프로모션 담당의 공무원들까지, 그 무수한 길동무들이 떠오른다.

"나는 피플케어그룹의 헤드헌터이다."

나만의 주관으로 나는 인생 3막에서 활동 중이다. 지금도 J대표님과 역삼동 사무실의 홍보맨(나는 헤드헌터였다고 믿는)의 노타이 차림의 뒷모습이 눈에 선하다. 마치 오늘날의 내가 바로 그들의 또 다른 그림자인 양 말이다.

무조건 도전

김영순

헤드헌터를 시작하게 된 계기는 우연했다.

포지션을 제안 받고 담당 헤드헌터와 미팅을 하던 중, 오히려 그 자리에서 그 헤드헌터사 중역인 내 담당 헤드헌터가 나를 헤드헌터로 영입하고 싶다는 제안을 했다.

"후보자님은 말씀도 조리 있게 잘하시고, 컨설팅에 잘 맞는 강점을 가지고 계시네요. 제가 오히려 헤드헌터로 제안 드리고 싶어요."

외국계 기업 소비재 분야와 헬스케어/메디칼 분야에서 Marketing, Sales, Operation 경력을 쌓았고 Marketing Head로 근무하고 있던 터라 그 분야에서 내 경력을 마무리 지으리라 생각했지, 헤드헌터를 생각해 본 적은 없었다.

시간이 흐르면서 당시 제안을 자연스럽게 잊고 생활하다가, 여러 헤드헌터사에서 제안을 받게 되자 헤드헌팅 컨설턴트에 차차 흥미를 느끼게 되었다.

　포지션 후보자로서 접한 적은 있지만, 헤드헌팅 업계 자체는 잘 몰랐던 터라 이참에 헤드헌팅 업계와 기업을 제대로 알아보고 싶었다. 제안 받거나 직접 찾아본 국내 유명 헤드헌터사 몇 군데와 면접을 잡았다. 헤드헌터 대표분들과 직접 대화를 나누는 것은 헤드헌터 시장과 기업에 대해 다각도로 이해할 수 있고 또한 유명 헤드헌터 대표님들의 경영 철학을 직접 알아볼 수 있는 좋은 기회였다.

　실제로 많은 헤드헌터사들이 일반기업 영업, 마케팅 매니저 레벨 경력자들을 신입 헤드헌터로 많이 영입한다는 것도 이때 알게 되었다. 헤드헌터가 되는 길에, 정해진 경력이 필요하거나 지원 자체가 어려운 건 아니지만, 아무래도 그러한 경력자들이 기업과 인재를 파악하는 데 수월할 것이고, 본인이 쌓아온 경력과 인맥은 헤드헌팅을 하는 데에 유리한 고지에 있게 할 테니 납득이 되었다.

　피플케어코리아 신중진 대표님과 처음 인연이 닿은 것도 이 시기이다. 전화 면담을 길게 하면서 대표님만의 철학과 헤드헌팅에 대한 깊이 있는 이야기를 나눴던 점이 인상 깊었다. 당시에는 피플케어에 빈 자리가 없어서 바로 입사하지는 않았고 한 달 후에 대표님께서 연락을 주셨다. 아쉽게도 그 시기에는 이미 지인 소개로 들어간 첫 헤드헌터사에서 업무를 시작했던 터라 바로 합류할 순 없었다. 좀 더 시간이 흐른 후, 마케팅 헤드 현역으로 돌아간 마지막 기업을 퇴직하고서야, 신중진 대표님께 연락을 드리게 되었다.

　"김영순 이사님, 그럼 피플케어코리아의 헤드헌터로서 시작해 보시지요."

"네 대표님, 앞으로 잘 부탁드립니다!"

그렇게 피플케어코리아의 일원으로 본격적인 헤드헌팅 업무를 시작하였다.

첫해에는 정말 다양한 기업에 도전했다. 헤드헌터로서 성과를 낼 자신이 있는 분야는 아무래도 외국계 및 국내 소비재 분야였던 터라 해당 분야 포지션부터 시작했지만, 경기에 따른 산업별 호재와 악재, 이러한 시기에 따른 포지션 오픈과 채용이 다를 수 있어, 지속가능하고 역량 있는 헤드헌터로서 포트폴리오를 갖춰 나가고자 새로운 고객 기업은 어떤 산업군이든 언제나 환영이었다. 넓은 범주의 소비재라 할 수 있는 전통 제조, 생활용품, 식품, 가전, 패션, 명품 등 유통 분야부터 이커머스 플랫폼 사업 분야, 자동차 및 반도체, 중장비, IT Tech 제조 및 Solution 기업, 제약, 화학 기업, 건설 분야까지, 다양한 산업군에 도전해보며 헤드헌터로서의 경험을 넓혀 나갔다.

단순히 기업에서 원하는 직무와 자격요건으로 후보자를 찾는 게 아닌 그 기업의 사업방향과 실제 사업 전개에 대한 조사와 이해도를 갖고 필요한 인재를 찾다 보면 해당 기업고객에 오히려 그 포지션에 또는 조직에 필요한 인재와 역량을 역으로 제안할 수 있는 시기도 오니 점점 재미가 붙었다.

이렇게 일하는 방식은 그간 현역으로 쌓아온 경력과 경험들이 큰 도움이 되었다.

기존 커리어에서 쌓은 마케팅과 세일즈 단에서 비즈니스 전략을 세

우고 실행하며 결과를 만들어 갔던, 스스로 재미를 갖고 쌓아온 경력이 기업고객사의 이해와 필요한 인재 채용 목표를 빠르게 파악할 수 있게 해주었다. 또한 후보자로서 정말 다양한 기업에 도전하며 이력서를 작성하고 지원한 기업에 대한 조사와 스스로 마케터로서 접근하여 이 기업의 사업 방향 파악과 직접 시장조사도 하면서 지원했던 경험들이 마찬가지로 큰 도움이 되었다.

  지금도 신규 고객사와 포지션을 의뢰받으면 '이 기업은 앞으로 이 사업 분야에서 어느 방향으로 확장될까? 그럼 조직 구조상 어떤 인재가 필요할까?' 하는 생각으로 즐겁게 나만의 상상의 나래를 펼치곤 한다. 기업에 대해 조사한 내용과 조직구조에 따른 근거 있는 상상이라, 실제로 채용을 진행하면서 인사담당자와 해당 포지션에 관해 얘기할 때, 기업의 방향성과 내가 상상한 방향성이 일치하면, 스스로 '헤드헌터 잘 시작했네' 라고 자화자찬하기도 한다.

  언제나 처음은 있는 법! 여기서 핵심은 무조건 도전하는 것이었다. 처음 접해보는 산업군은 미지의 세계이기 때문에 막연한 두려움이란 압박과 함께 파악하는 데 어려움도 있었지만 스스로 찾아 공부하고 채용 포지션을 진행하면서 다양한 사업 분야에 대한 이해도를 높일 수 있었다. 이후에 유관 분야의 새로운 기업 고객을 맡게 되면, 헤드헌팅 속도는 더욱 빨라지고 숙련도는 점점 더 올라갔다.

  헤드헌터를 시작하면서 소비재, 제약/헬스케어 분야로 포트폴리오를 가져가겠다고 막연하게 생각했던 나의 산업군 포트폴리오는 소비재, 전통 제조, 자동차, 반도체, 중장비, IT High-tech, 제약/헬스케어, 화학 분야까지 풍성한 고객 기업사로 채워졌다. 그에 따른 후보자 인재풀도 넓어진 건 물론이다.

 앞으로의 목표는 다양한 산업군의 고객사와 채용 합격자 고객의 비율도 골고루 그리고 많이! 만들어 가는 것이다. 그리고 무조건, 무조건 도전 이어가기!

늦깎이 헤드헌터 파란만장 투쟁기

윤정화

나는 어려운 환경에서 자라면서 각종 아르바이트와 직장생활을 하는 20대를 보내고, 30대가 되어서야 전문직을 꿈꾸며 의료기업계에서 치열하게 경력을 쌓았다. 20대에는 친구들과 놀고 싶은데 돈이 없어서 낮에는 회사에서 일하고 밤에는 호프집, 주말엔 에이전시 행사 아르바이트를 했다. 하루에 4시간씩 자며 일하고 돈을 모으고 그렇게 살았다. 집에 필요한 만큼 돈을 모아서 보태고 나서 비로소 나를 위해 살아갈 수 있는 20대 후반이 되고서야 돌아보니, 당장 돈벌이에 급급해서 살았기 때문에 가장 소중한 20대에 꿈을 찾아 차분히 쌓을 수 있었던 경력은 날아가 버렸고, 미래 계획이 없이 살아온 이력으로는 새롭게 안정적인 직장을 찾기란 어려웠다. 현실을 알게 된 나는 첫 월급이 적더라도 처음부터 다시 시작할 수 있는 회사를 찾아 입사했고, 어렵게 찾은 회사인 만큼 이 경력을 끝까지 놓지 않겠다는 마음으로 힘들어도 견디고 이겨냈다. 전문적인 일을 배우고 연봉도 올리며 커리어를 쌓을 수 있음에 감사하면서 살아갔다. 그 사이 결혼도 하고 아이도 낳으며 더 소중한 삶을 가질 수 있게 되었다.

하지만 현실에 맞게 열심히 살아가는 동안에도 계속 머릿속을 맴도는 의문이 있었다.

'난 왜 이 세상에 이렇게 많은 직업이 있다는 걸 알지 못했을까?'

'난 왜 단순히 돈만 보고 일할 것이 아니라, 미래를 위한 일을 함으로써 돈을 벌지 못했을까?'

'사회에 존재하는 많은 직업군을 알고 살았다면 아르바이트 하나를 정할 때도 신중했을 텐데…….'

열심히 살아온 인생은 스스로 칭찬하지만, 현명하지 못했던 선택은 후회로 가득했다.

어느 날 문득 초등학교 시절이 떠올랐다. 훌륭한 직업을 가지고 계신 부모님들을 명예 교사로 모시고 1시간씩 그 직업이 무엇인지 설명하고 답변해 주는 시간이 있었다. 그때 정말 재미있게 들었던 기억이 났다. 나는 비록 지금 당장은 누구에게나 멋지게 내보일 수 있는 직업을 가지지 못하였더라도, 아이에게 각각의 직업이 어떤 일을 하는 것이고, 얼마나 좋은 일을 할 수 있을지, 그것을 위해서는 무엇을 준비하면 좋을지 설명해 줄 수 있는 엄마가 되고 싶었다. 한 아이의 엄마가 되어보니 그 생각은 더 깊어졌고 아이에게 많은 경험을 주면서 다양한 진로를 소개해주고 싶다는 다짐을 하게 되었다.

그 다짐으로 찾아본 것이 바로 헤드헌터라는 직업이었다. 우리나라와 외국계 각 기업의 규모, 산업군, 전망을 바탕으로 그 기업들이 찾고 있는 인재를 찾아서 연결해 주는 일, 이것이야말로 내가 원하는 일이라는 생각에, 오랜만에 심장이 뛰는 꿈이 생긴 기분이 들었다. 하지만 나는 당시엔 직업을 가지고 있었고, 새로운 일을 도전하기에는 안정감이 더 필요한 시기였기 때문에 오랜 시간 동안 헤드헌터라는 일을 서칭해 보며, 상상해보며…… 꿈으로만 안고 살아가고 있었다.

그러던 중 피플케어코리아 신중진 대표님께서 쓰신 책 <잘 나가는 기업 뒤에는 항상 헤드헌터가 있다>라는 책을 접했고, 현직 헤드헌터로 정말 잘하고 있는 지인에게 헤드헌터 일을 자세히 듣게 된 후, 결심과 동시에 다니던 직장을 과감히 그만두고 헤드헌터로 전향하게 되었다.

피플케어코리아 신입 헤드헌터가 되어 회사에서 교육도 받고, 경력이 훌륭한 동료, 선배 헤드헌터에게 조언도 들으며 시작했지만, 정말 만만치 않은 일이라는 것을 알게 되었다.

나의 첫 난관은 경험이 없는 직무의 인재를 찾는 것이었다. 첫 고객사로 IT 업계의 고객사를 맡게 되었고, 떨리는 마음으로 JD를 받았다.

순간 나의 눈은 골뱅이가 되었다. SW, SI, AA, TA, DA…… 개발자들이 사용하는 스펙 용어들까지……. 내가 컴맹임을 인증받는 순간이었으며, 무엇을 어디서부터 어떻게 알아가고 해결해야 할지 앞이 막막했다. 한숨 돌린 나는 요즘처럼 정보가 넘치는 시대에 '어떡하지?'라는 고민 따위는 시간이 아깝다는 생각으로 차분히 공부하며 진행해 보자고 마음먹었다.

루틴으로, 오전에는 이력서를 보고 보고 또 보았다. 나에게 맞는 포지션의 인재만 본 것이 아니라 검색어에 핵심 키워드 하나만 설정하고 매우 폭넓게 검색된 인재풀에서 이력서를 하나씩 다 클릭하며 정독으로 읽었다. 이력서를 보아도 무슨 업무를 한 사람인지 잘 모르는 경우가 많았다. 모르는 용어는 메모하고, 내가 판단하기에 핏이 잘 맞아 보이는 후보자들에게는 과감하게 추천도 해 보았다. 추천하고 제안하는 일 조차도 익숙해져야 했기 때문이다. 밤에는 유튜브로 IT 업계의 직무 구조, 각 직무의 내용, 그에 필요한 스펙까지 매일 밤마다 공부하고 메모하고 엑셀로 정리하는 시간을 보냈다.

그렇게 일주일이 지나고 제안을 보낸 후보자와 첫 통화를 하게 되었다. (일주일 동안은 후보자에게 전화를 걸 엄두도 못 내고 있었다.) 그 후보자는 글로벌 업계 현업 종사자로, 사실 진행하는 포지션보다 고스펙에 이력도 월등한 사람이었다. 지금이라면 제안하지 않았을 테지만 그때는 무식이 용감했던 것 같다.

"안녕하세요 후보자님, 00직무를 제안드린 피플케어코리아 헤드헌터 윤정화 차장입니다. 사람인의 이력서를 보고 이직 제안드리려고 전화드렸습니다."

"네~ 제안에 수락은 했지만 그 기업에 관심이 없습니다. 저는 M사 한국지사에서 일하고 있고 사실 더 높은 직장을 찾기는 어렵지요. 저의 연봉은 1억이 넘고 한 달에 반 정도는 재택근무를 해요. 저 같은 사람들은 추천해 주신 곳과 전혀 맞지 않아요, 제가 제안에 수락한 이유는 너무 터무니없어서 뭐 하는 사람인지 궁금해서입니다. 한국 기업으로 이직할 생각은 없어요."

 이 후보자의 말을 들으면서 어이가 없었다. 제안을 보냈을 때 이 후보자의 현 직장과 연봉이 비공개로 되어있었기 때문에 놀랄 수밖에 없었다. 스펙 차이가 너무 나는 후보자와 통화한 것이어서 그냥 '죄송합니다.' 하고 끊을 수밖에 없었다. 하지만 오히려 후보자의 말을 듣고 이때다 싶어서 궁금했던 것들을 질문으로 쏟아내기 시작했다.

 "먼저 상황 설명 주시어 감사합니다. 좋은 곳을 소개시켜 드리지 못하여 죄송하기도 합니다. 그런데 이렇게 통화가 된 김에 몇 가지 여쭈어봐도 될까요? 후보자님은 제가 궁금한 것을 물어보기에 너무 좋은 분이시네요! 어떤 사람이 이렇게 터무니없는 제안을 했나 궁금하셨다고 하니, 툭 터놓고 말씀드릴게요, 사실 저는 IT 업계를 잘 알지 못하는 신입 헤드헌터입니다. 이번 일을 잘하고 싶은데 서칭해서 글로 아는 것만으로는 좋은 인재를 찾는 것이 어렵더라구요. 시간이 되신다면, 알려주시면 정말 큰 도움 될 것 같습니다……."

 그렇게, 그동안 궁금했던 정보들의 질의 응답이 시작되었다. 현재 진행하고 있는 고객사의 업계 위치와 어떤 일을 주업으로 하는지, 주변에 그 회사에서 일하는 분이 있는지, 후보자님과 같은 대학을 나온 사람들은 대부분 어떤 기업에서 일하고 있는지, 연봉 수준은 어느 정도인지, 풀스펙, AA, SWA, 포지션들은 어떤 위치에서 일하는지 등등……. 어찌보면 터무니없이 기초적인 것들의 질문을 늘어놓았다. 그 후보자님은 처음에는 머뭇거렸으나 점점 더 즐거운 목소리로 설명해 주었다. '이런 질문을 왜 나한테 하지?' 라고 생각했을 테지만, 오히려 아무것도 몰라 보이는 내가 안타까워서 모든 질문에 대답해 주신 거라고 생각한다. 후보자님은 마지막에 잘 되시길 바란다는 응원의 말로 40분의 통화를 마쳤다.

사실 이렇게 통화를 해 주시는 후보자를 만나기란 쉽지 않다. 나는 알고 싶은 용기로 막무가내로 부딪쳤고 후보자님은 선한 마음으로 받아 주신 운이 좋은 상황이었다. 그 후보자님의 선의에 가슴이 벅차면서 그동안 공부했던 내용의 조각들이 합쳐지며 감이라는 것을 잡을 수 있는 소중한 통화였다. 궁한 사람이 찾는 것이라는 말이 있듯이 나는 일을 진행하며 후보자들과 전화 통화를 많이 시도하였으며, 필요하다면 철판을 깔고 궁금한 것을 계속해서 물어보았다.

오전 오후 서칭하고 되도록 많은 이력서를 읽고 모르는 것은 메모하고 밤에는 스터디하는 시간을 루틴으로 반복하며 3개월의 시간을 보내니, 어느덧 '이번 JD는 어떤 산업에서 어떤 포지션으로 어떤 기술을 사용해 본 사람을 찾는 거구나.'라는 것이 보이기 시작했다.

자신감이 붙은 목소리로 이직을 제안한 후보자에게 현 포지션의 요구사항과 후보자의 스펙을 체크해 보는 통화를 하기 시작하면서, 이력서를 받는 횟수가 확연히 늘어나는 것을 느끼게 되었다.

이력서가 쌓이자 두 번째 난관이 시작되었습니다. 이력서를 어떻게 수정하고 추천서는 어떻게 써야 하는가.

많이 해보지 않은 일들은 언제나 어렵다. 하지만 이번엔 방법을 찾기보다, 그동안 내가 해온 사회 경험의 도움을 받아보자고 생각했다. '값진 경험은 언젠가는 써먹는다.'는 마인드를 가진 나로서는 한 곳에서만 오래 일하지는 못하였지만, 어떤 일이든 마다하지 않고 해낸 다양한 경험을 바탕으로 많은 것을 유기적으로 생각하며 일을 진행하는 장점을 가지고 있다는 것을 알게 되었다.

내가 이 일을 끌고 가는 팀장이라면, 내가 이 회사에 지원하는 사람이라면, 내가 이 포지션을 찾는 사람이라면, 내가 이 산업군에 종사는 하는 사람이라면 등의 질문을 해보면서 후보자의 이력서를 검토하고, 그것을 바탕으로 장단점을 정리한 후보자 추천서를 기업에 보내기 시작했다.

추천이 반복되어도 1차 면접이 잡히지 않는 포지션도 있었고, 한두 번의 추천으로도 2차 면접까지 가는 경우도 있었고, 연봉협상이 진행되다가 중단되는 경우도 있었고, 입사 당일에 입사를 포기하는 경우도 있었다. 많은 시련을 거치며 5개월이 지난 후 가장 어려워했던 IT 업계 회사에 동시에 2명 입사가 성사되었다. 5개월 만에 이뤄진 입사 성공이었지만, 과정도 결과도 수입도 모두 만족스러운 결과를 얻었다고 생각했다.

기쁜 마음도 잠시……. 이제 헤드헌터 일에 적응이 되었다 싶을 때 세 번째 난관에 부딪혔다. 처음처럼 일하면 몇 달에 한 번씩만 성공할 수밖에 없는 구조로 일하고 있다는 것을 스스로 알고 있었다. 고생 끝에 낙을 본 사람으로서 더 욕심이 났고, 이제는 시간을 합리적으로 사용하는 방법을 연구해야 할 때였다. 이번 난관은 가깝게 지내는 헤드헌터분들에게 다양한 조언을 구하고 적용하며 해결해 나갈 수 있었다. 처음에 닥치는 대로 이력서를 읽으며 일했던 덕분에 눈도 익숙해졌고 많은 지식도 쌓을 수 있었던 것이 속도가 빨라지는 데 도움이 되었고, DB 관리나 업무 방법도 차차 나만의 스타일로 자리 잡아갈 수 있었다.

시간이 지날수록 업무의 효율성은 높아졌고, IT, 제조업, 광고대행사, 소비재 기업 등 소화할 수 있는 고객사가 많아지고, 더 많은 고객사를 상대로 더 많은 추천이 이루어지니 확률상 입사 성공률이 높아지는 결과를 얻게 되었다.

처음 헤드헌터를 시작했던 때를 돌아보면 결국 시간이 약이었다. 다만 그 약을 얻으려면 포기하지 않는 꾸준한 노력, 경험을 바탕으로 한 유연한 생각, 선배님들의 값진 조언을 내 것으로 받아들이는 순간들이 반드시 필요했다.

나는 헤드헌터라는 일을 선택하여 시작할 때부터 가치와 돈을 동시에 생각했다. 가끔 나를 통해 입사하신 분들이 안부 전화를 주시거나 고맙다고 해주시는 것에 큰 행복을 느낀다. 돈도 벌고 가치도 얻는다니, 힘들어도 매우 즐거운 직업이다..

하지만 주변에 단순히 편해 보여서 해 볼까 생각하는 분들도 있다는 것을 알고 있다. 헤드헌터는 쉽지 않은 직업이다. 끊임없이 공부해야 하고, 실패를 반복하다가 한 번의 성공을 할 때까지의 감정 기복도 견뎌야 한다. 자리 잡을 때까지 불안정한 수입에 대한 흔들림도 이겨내야 한다. 자유롭게 근무할 수 있고, 시간도 자유롭게 쓸 수 있지만, 달콤한 쉼을 선택하고 루틴이 깨지면 금방 입사 성공과 멀어지기도 한다. 열심히 노력한다면 억대 연봉의 꿈을 이룰 수 있지만, 노력하지 않는다면 직장을 다니는 것보다 턱없이 부족한 수입으로 1년을 마무리하게 될 수도 있다. 혼자 하는 일처럼 보이지만, 고객사와 후보자를 상대하며 조율하고 맞춰 가야 하며, 동료, 선후배 헤드헌터분들과의 커뮤니케이션도 반드시 필요하다. 다만, 이것들을 이겨낸다면 고액 연봉자가 될 수 있고, 사회에 꼭 필요한 인재를 연결해 주는 직업상의 가치도 얻을 수 있으며, 시간과 장소에서 자유롭게 일 할 수 있는 헤드헌터의 특장점들을 누릴 수 있다.

나는 이제 1년 조금 넘은 경력으로 난관 극복기를 아직도 써내고 있는 신입 헤드헌터다. 당장 우여곡절을 이겨내고 있으며, 그 난관들을 이겨내며 얻은 입사 성공을 아직도 꽃같이 느끼는 위치이기도 하다. 그렇기 때문에 이 일은 어렵지만, 나처럼 대단한 경력을 가지고 있지 않아도 각자의 위치에서 최선을 다해본 경험과, 다양한 경험의 센스를 바탕으로 긍정적으로 노력하는 사람이라면 충분히 도전해볼 수 있는 일이라는 것을 실무를 하며 느끼고 있다. 앞으로도 오랜 시간 동안 천천히 더 큰 목표를 이루어 나갈 것이라고 다짐하고 있다.

나의 이야기는 현업에서 억대 연봉을 달성하고 계시는 우리 회사의 다른 헤드헌터님들처럼 당장 쓸 수 있는 스킬이나 업무에 도움 되는 이야기는 아닐 것이다. 하지만 한 사람이 헤드헌터를 직업으로 갖게 된 계기와 마음가짐, 헤쳐 나가는 과정이야말로 이 일을 시작하시는 분들에게 하나의 동기부여가 되길 바라는 마음으로 미흡한 글 실력이나마 써 내려가 보았다.

쉽지 않은 일이기에 단단한 각오로 도전하시길 바라며, 도전했다면 최선을 다해 멈추지 않으시기를 바란다. 어렵지만 누구든 헤쳐 나갈 수 있다. 현명한 노력 끝에는 '잘 나가는 기업 뒤에는 항상 헤드헌터가 있다'는 멋진 가치를 창출하며, '억대 연봉의 헤드헌터의 정석'이 되는, 두 마리 토끼를 잡는 한 사람이 될 수 있다. 파이팅!

우리는 헤드헌터 입니다

2부
노하우

노력한 만큼 돌아오는 일, 헤드헌팅

1. 울고 웃고 마음졸이며	은 희 주
2. Best Practice	마이클 조
3. 채용사와 후보자라는 두 고객	김 영 순
4. 9 to 6	이 정 량
5. 채용은 팀플레이다	Chole
6. 무엇보다 신뢰	하 철 호

울고 웃고 마음졸이며

> 은희주

헤드헌팅 업무로 서치펌에서 일한다는 건 사실 쉬운 일이 아니다. 현재 한국에 수많은 서치펌들이 있지만 그중에서 고성과를 내는 사람들은 극히 일부라고 생각한다.

외국계 기업 인사부에서 채용을 담당했던 나로서는 완전히 반대 위치에서 즉, 갑에서 을의 입장으로 일을 하는 것이니만큼 처음엔 적응이 쉽지 않았다. 하지만 갑의 위치에서 일했던 경험이 오히려 고객사의 니즈를 파악하는 데 도움이 된 것 또한 사실이다.

외국계 기업 인사부에서 나와서 미국, 일본 등지에서 해외 생활을 하다 돌아와서 40대에 들어선 나에게 헤드헌터라는 직업은 나의 기존 경험을 살려서 일할 수 있는 꽤나 매력적인 직업이 아닐 수 없었다. 물론 불안정한 수입이라는 큰 단점이 있음에도, 열심히 하고 운까지 좋으면 내 또래 기업 근무자보다 더 높은 수입을 올릴 수도 있고 또한 어느 정도 내 시간을 내가 관리하면서 워라밸을 확보할 수 있는 장점이 있기에 도전해 볼 만했다.

● **기본업무**

　헤드헌터의 일은 고객사로부터 채용 의뢰를 받아 적합한 후보자를 찾아 추천하여 그 후보자가 면접을 거쳐 최종 합격, 입사하게 되면 그 후보자 연봉의 몇 %의 수수료를 받는 걸로 종결된다.

　업무 루트인 오더 수주에서 후보자 서칭, 고객사에 추천, 서류전형 합격자에 대한 면접 안내, 연봉 협상, 최종 합격까지의 과정이 보통 3개월 정도 걸리는데, 최종 합격 후보자가 구직자인 경우 1~2개월 정도로 짧아지기도 하고 아주 오래 걸린 경우는 1년이 넘어가기도 한다.

　또한 최종적으로 성공적인 후보자가 나왔다 하더라도 중간중간 수많은 변수가 존재한다. 후보자가 도중에 지원을 번복, 철회하는 경우에서부터 연봉 협상에서 결렬되는 경우도 있고 지원한 후보자가 복수의 회사 지원과 합격으로 타 회사를 선택하는 상황도 발생하기 때문에 몇 개월 공들인 노력이 성과로 이어지지 않을 때는 많은 회의감이 들기도 한다.

　하지만 내가 추천한 후보자가 고객사에 입사하여 만족하며 근무할 때, 회사로부터도 좋은 평을 들으며 근무하고 있다는 말을 듣게 될 경우 그 기쁨과 보람은 이 일을 계속하게 하는 원동력이 되기도 한다.

● **고객사 확보 유지 개발**

헤드헌팅 업무에서는 우선 좋은 고객사 확보가 필수이다. 좋은 고객사란 단순히 누구나 들으면 다 아는 국내 대기업이나 유명 외국계 기업만을 말하지는 않는다. 우선 지속적인 오더가 나와야 하고 그 오더를 내가 어느 정도 성공시키며 유지해야 의미가 있다. 오히려 대기업의 경우 다수의 서치펌을 사용하기 때문에 그렇지 않아도 포지션당 경쟁에서 1위만 살아남는 이 업무에서 합격할 가능성은 더 낮아지는 것도 사실이다. 처음 이 일을 시작하게 되면 고객사 확보에 다소 시간이 걸린다. 사람에 따라 다르겠지만 내 경우에 최소한 1년 정도는 걸렸던 것 같다. 그 1년이란 기간 동안 떨어져 나갈 고객사는 떨어져 나가고 나랑 궁합이 잘 맞는 회사가 남게 되는데 그 고객사를 우린 '충성고객사'라고 부른다.

● **후보자 서칭 컨텍**

오더를 받으면 가급적 빠른 시간 안에 후보자 서칭에 들어가야 한다. 보통 회사들은 2~3개의 서치펌을 동시에 쓰기 때문에 아무래도 빨리 업무에 돌입하는 것이 적합한 사람을 먼저 찾을 수 있는 기회가 되기 때문이다. 소싱 루트는 헤드헌터들이 보통 유료로 사용하는 인터넷 잡사이트를 기본으로 하여 우리 회사의 경우 회사 자체 시스템인 인트라넷을 활용할 수도 있고 그 밖에 지인의 소개, 때론 예전 후보자의 소개 등등 다양한 방법을 활용할 수 있는데 인맥의 경우 나랑 동년배의 지인이 대부분인 관계로 기업에서 가장 많이 찾는 대리~과장급을 찾을 때는 잡사이트를 활용하지 않을 수가 없으며 잘만 찾으면 매우 좋은 소싱 루트가 된다고 생각한다.

● 고객사 후보자 둘 다 갑

앞서 언급했듯 후보자가 최종 합격한 경우에도 후보자가 돌연 변심하거나 회사가 연봉을 못 맞춰 주는 등등의 사유로 입사가 고사될 경우도 있기 때문에, 나는 늘 고객사도 후보자도 나에겐 동등한 갑이라는 생각으로 일한다. 그리고 지원에서 탈락한 후보자들에게도 결과를 꼭 전달하여 후보자와의 신뢰성을 유지하고 내 프로젝트에 동참해준 후보자분들께 감사의 마음을 잊지 않는다.

● 수입

헤드헌터의 수입은 후보자의 연봉과 밀접한 관련이 있다. 연봉이 높을수록 요율도 커지기 마련이며 연봉에 대비한 커미션을 받기 때문이다. 따라서 대부분의 헤드헌터들이 큰 연봉의 후보자를 입사시키고 싶어하는 건 어찌보면 너무나도 당연한 일이다. 커미션을 받는 직업의 특성상 낮은 연봉자도 있겠지만 대기업의 임원급 정도의 연봉을 벌어가는 사람도 존재하는 것이 사실이다. 참으로 수입의 범위가 넓은 직업이라고 할 수 있겠다.

● 맺음말

내가 피플케어코리아에 입사한 건 2021년 5월 말이었다. 이제 곧 3년이 다 되어 가는데 느낌만으로는 한 10년 정도 근무한 것 같다. 그동안 많은 일들이 있었고 고객사와 후보자 사이에서 울고 웃고 마음졸이고 하다 보니 시간이 너무 빨리 흐른 듯하다. 가끔 회사에서 마련한 봄소풍, 가을소풍, 송년회 등의 행사에서 함께 일하는 동료 컨설턴트들과 친목을 도모하는 시간이 너무 기쁘고, 어찌 보면 따분할 수 있는 업무에 활력을 얻게 되고 기분전환도 되어 행복하다.

우리가 늘 사람 찾는 일을 하고 있는데, 컨설턴트들을 잘 찾아서 함께 일하게 해주신 신중진 대표님께 감사의 말씀을 전하며, 우리 컨설턴트들이 최고의 성과를 낼 수 있도록 관리 업무를 총괄하면서 늘 격려해 주시는 김영진 팀장님께 앞으로도 늘 함께하고 싶다는 마음을 전하고 싶으며 끝으로 함께 고군분투하는 피플케어코리아 컨설턴트분들에게 함께 해서 행복하다는 말을 전하고 싶다.

Best Practice

<u>마이클 조</u>

  내 경험에 비추어 보면, 헤드헌터를 처음 시작하시는 분들은 자신의 나이, 경력 등의 Life Plan에 비추어 매해 연간 목표와 실행방안을 수립하고, 이를 철저하게 실행해 나가는 것이 좋을 것 같다.

  일반적으로 사회통념상 나이와 경력에 비례해서 연봉이나 복리후생이 높아진다. 따라서 제2의 인생이 아닌 젊어서부터 본격적으로 헤드헌터를 하는 경우에는 이런 점을 감안하여 매년 본인의 목표를 높여 가는 것이 좋을 것 같다. 그리고 자신의 연간 목표와 연동하여 업태, 업종, 회사 규모 등을 고려한 적정 수의 고객사를 확보해 나가야 한다. 기업이 매년 성장한다면 좋겠지만 내·외부의 여러 가지 환경변화에 따라서 매년 사업성과가 다를 수밖에 없다. 각 기업들이 내·외부의 환경변화와 사업성과에 따라서 채용 방향, 채용 규모 등도 달라진다. 전년도에 서치펌과 헤드헌터를 통한 채용이 50명이었다가 올해 사업환경이 나빠져서 한 명도 없을 수도 있다. 같은 업태·업종의 회사는 회사에 따라 매출과 손익의 차이는 있을지 모르지만 거시적인 경영환경은 유사하다. 일반적으로 반도체가 호황이면 규모의 차이가 있을지라도 반도체 업태·업종의 회사들은 대부분 경영실적이 좋고, 2차전지가 불황이면 2차전지 업태·업종의 회사들은 그해에는 대체로 어렵다고 보면 된다. 자신의 고객사들이 업태·업종이 한 곳에 집중되어 있으면 경영환경이 나쁠 경우에는 오더가 대폭 감소할 수 있으니 다양한 업태·업종의 고객사를 확보하고 있으면 이런 문제를 예방할 수 있다. 따라서 내가 어떤 고객사를 얼마나 가져야 하는 지를 정할 때는 자신의 연간 목표와 연동해서 업태, 업종, 회사 규모를 고려하여 그에 맞는 적정한 수의 고객사를 확보하고, 고객사 수는 30% 정도는 여유 있게 확보하는 것이 가장 좋을 것 같다.

  그리고 고객사를 확보해 나갈 때 유의해야 할 점도 있다. 최근에 정보보호와 관련하여 법적으로 매우 강화되고 있는 추세이다. 고객사를 확보하기 위해 합법적인 방법이나 네트워크가 아닌 비합법적인 방법이나 네트워크를 통한 접근은 심각한 문제를 유발할 수 있으니 반드시 유의해야 한다. 또한 고객사를 확보하는 만큼 중요한 것이 고객사의 오더에 대응하여 고객사가 원하는 우수 인력을 적기에 지속해서 제공하는 것이다. 고객사의 입장이었던 30년 간의 HR 경험에 비추어 보면, 오더가 적거나 없었던 경우는 예외로 하더라도, 적정 오더가 있었음에도 불구하고 특정 서치펌·헤드헌터가 적정 규모의 성사 결과를 내지 못할 경우에 그 고객사와 서치펌·헤드헌터 관계는 더 이상 파트너로 유지될 수가 없었다. 중견기업과 대기업은, 아마 중소기업도, 정기적으로 서치펌·헤드헌터를 평가한다. 실적이 저조하거나 없는 서치펌·헤드헌터는 다른 서치펌·헤드헌터로 대체한다. 따라서 내 고객사라고 하지만 성과가 없거나 적으면 내 고객사가 아니라고 보는 것이 맞다.

반대로 고객사가 원하는 우수 인재나 후보들을 타 서치펌이나 헤드헌터에 비해 적기에 많이 추천하고 성사 건수가 많으면 그에 따른 추가 보상도 주어진다. 예컨대, 각 기업에서 대내외비로 진행하는 신사업 관련 채용, 조직책임자나 임원 교체의 경우에는 기업에서 자체적으로 채용을 진행해도 대내외비성 성격으로 인해서 공채로는 진행하지 않으며, 서치펌·헤드헌터를 활용해도 전체에 오더를 주지 않고 평소에 우수 후보자들을 많이 추천하고, 성과가 많고 고객사를 잘 이해하는 서치펌·헤드헌터에게만 오더를 준다.

내 경험으로도, 미래 준비를 강화하기 위해 연구기획 임원을 교체하고자 한 모 회사가 다른 서치펌·헤드헌터에게는 오더를 주지 않고 나에게만 오더를 주었고 성사한 사례가 있다. 또 다른 모 회사의 경우에는 두 가지 신사업을 새롭게 시작하는 데 필요한 핵심 개발인력에 대한 오더를 다른 서치펌·헤드헌터에게는 주지 않고 대내외비성 성격을 강조하면서 나에게만 오더를 주어서 성사한 사례도 있다. 한 회사에서 3~10개의 서치펌·헤드헌터를 활용한다고 보았을 때, 이러한 사례는 다른 오더들에 비해 그만큼 성공 가능성도 높고, 나에게는 그동안의 성사 노력에 대한 추가 보상과 인센티브 성격으로 돌아왔다. 고객사의 오더에 대응하여 지속해서 우수 후보자들을 추천하고, 그에 따른 성사 건수가 많아지면 이와 같은 추가적인 인센티브와 보상도 따르게 된다.

헤드헌터 업계에 발을 들이게 되면 자신의 고객사가 어떤 업태, 업종이며, 어떤 제품과 서비스를 제공하는 회사인지 누구보다 명확하게 잘 알아야 한다. 고객사와의 의사소통 시에도 중요할 뿐만 아니라, 고객사에서 제공된 Job Description에 따라 후보자를 서칭하고, 후보자와 소통할 때도 가장 기본이 되며, 가장 중요한 성공 요인 중의 하나이기 때문이다.

대부분의 헤드헌터들이 많은 성과를 내고 있지만, 가끔 헤드헌터 업계에 새롭게 발을 들인 후배들이 "저는 아직 성사 건수가 없는데 어떻게 하면 빨리 성과를 낼 수 있는지요?", "선배님의 오더에 Co-work으로 참여하면 안될까요?"라고 한다. 그런데 이런 후배들과 오더를 받은 후에 어떻게 일을 하는지 이야기를 들어 보면 당황스러울 때가 많다. 또한 Co-work으로 참여해서 추천한 후보자들을 보고 역시 당황스러울 때가 많다. 대부분의 경우 자신의 고객사나 Co-work으로 참여하는 고객사에 대해 피상적으로만 알고 있고 학습하지도 않았고, 생각 외로 이해가 부족하였다. 내 관점에서 보면 성사 건수가 없을 수밖에 없었다는 생각이 들지만, 후배 자신의 기준으로 보면 자신은 누구보다 열심히 서칭했고 후보자를 많이 추천했는데 '나는 왜 아직 성사 건수가 없을까.'라고 혼자 답답해하며 실망에 빠져 있는 것을 볼 수 있었다.

헤드헌팅 업무를 하면서 고객사의 니즈에 대응해 성사를 하기 위해서 가장 중요한 것 중의 하나가 고객사의 사업(업태, 업종, 규모, 제품 등), 조직, 시스템 및 프로세스 변화에 대해서 정확하게 이해하는 것이다. 후배들에게 코칭을 할 경우에 가장 강조하는 것 중의 하나이다. 고객사의 채용 관계자들과 소통할 경우에도, Job Description에 대해 이해할 경우에도, 후보자들을 서칭 및 추천할 경우에도, 후보자들과 소통을 할 경우에도 모두 고객사에 대한 철저한 이해가 가장 기본이 되며 가장 중요하다. 처음부터 헤드헌터 업계에 발을 들인 헤드헌터도, 직장생활을 하다가 헤드헌터 업계에 발을 들인 헤드헌터도, 제2의 인생을 위해 헤드헌터 업계에 발을 들인 헤드헌터도, 모든 업태&업종의 고객사들을 다 경험하고 겪어 본 것은 아니기 때문에, 자신의 고객사이거나 Co-work을 할 경우에도 고객사에 대해서 철저하게 학습하고, 분석하고, 이해하는 것이 성사의 가장 빠른 지름길이다. 그래야지 고객사와의 소통, 후보자 서칭, 후보자 소통 등 모든 방면에서 걸쳐 헤드헌터로서의 업무를 원활하게 진행할 수 있다.

그러면 고객사에 대해 학습하고 이해하기 위해서는 어떤 방법이 있을까? 고객사를 학습하기 위해서는 고객사 홈페이지, 인터넷을 통한 고객사에 대한 정보 서칭 등의 여러 가지 다양한 방법이 있지만, 내 경험상 가장 좋은 방법의 하나는 증권사 리포트, 특히 한경 컨센서스(https://markets.hankyung.com/consensus)를 통해 업종, 업태, 산업 정보, 기업 정보 등에 대해 학습하는 것이었다.

이렇게 고객사에 대한 학습을 통해 고객사의 국내외 경쟁사와 협력업체에 대해서 파악할 수 있다. 고객사에서 가장 선호하는 후보자들은 동일 업종, 업태, 제품의 국내외 경쟁사나 우수 협력업체의 후보자들이다. 타 업종, 업태, 제품의 우수한 역량을 보유한 후보자들을 추천해도 동일 업종, 업태, 제품의 후보자들에 비해서 우선순위에서 밀릴 수밖에 없다. 모 자동차 회사에서 모터개발 전문가를 채용하고자 하는데 가전 회사의 모터개발 전문가를 추천한 경우에 자동차 회사의 후보를 추천한 곳이 있다면 밀릴 수밖에 없는 것이다. 제조 경험을 보유한 데이터 사이언티스트를 채용하고자 하는데 영업 경험만 보유한 데이터 사이언티스트를 추천한다면 역시 우선순위에서 밀릴 수밖에 없다. 따라서 고객사의 업종, 업태, 제품 등 사업에 대한 이해를 바탕으로 국내/외 주요 경쟁업체, 협력업체, 관련 회사 등을 파악하는 것이 무엇보다 중요하고, 이러한 업종, 업태, 제품을 경험한 Job Description과 일치하는 후보자들을 서칭하여 추천하는 것이 성사의 가장 빠른 지름길이다.

전자부품을 생산하는 모 고객사에서, 비메모리 반도체용 패키지 기판이 PC용에서 서버, 전장용으로 확대됨에 따라 사업확장을 위해 발 빠르게 기판을 생산할 설비들을 구축해 나가야 하는 과제를 가지고 있다는 것을 고객사에 대한 학습과 소통을 통해 알고 있었다. 그러던 중에 타 컨설턴트가 다른 포지션으로 추천한 후보자의 지원서를 받아 보니, 비메모리 반도체용 패키지 기판에 특화된 생산기술 전문가였다. 후보자의 지원서를 받자마자 고객사에 카이스트 학사, 석사, 박사 출신의 경쟁사에서 퇴직한 비메모리 반도체용 패키지 기판 생산기술 전문가가 있다면서 역으로 추천하였고, 고객사에서 지원서를 검토한 후에 바로 임원급 채용으로 성사되어 현재 근무하고 있는 사례도 있다. 평소 고객사의 사업에 대한 이해가 부족했거나 고객사와의 소통이 부족했다면 성사될 수 없는 사례였다.

또 다른 사례로, 타 컨설턴트의 고객사인 2차전지 관련 모 회사의 오더를 Co-work하여 빠르게 성공한 경험이 있다. 내 고객사가 아니어서 이전에 이 회사에 대한 이해나 경험은 없는 상태였다. 따라서 내가 가장 먼저 한 접근은 2차전지 관련 회사들을 먼저 파악하고, 관련 업체들을 학습한 것이었다. 이 회사의 연봉 수준을 파악해보니 2차전지 업계에서 연봉 수준이 가장 낮았다. 그럼에도 불구하고 Job Description상의 경력회사, 경험직무, 경력 년수, 연령대가 일치하면서 자사의 연봉 수준을 맞출 수 있어야 한다는 것이 고객사의 최우선 조건이었다. 이런 경우 2차전지 관련 업체, 경력 년수, 직무, 연령, 연봉 수준이 서칭을 위한 제일 조건이고, 연봉 수준이 가장 낮은 회사이기 때문에 재직자 중에 연봉을 삭감하면서 이직하는 경우는 없기 때문에 퇴직자 중심으로 후보자를 서칭하여 추천하였고, 그 후보자는 이 회사에 부장으로 입사하여 현재 잘 근무하고 있다.

 앞선 사례에도 소개했듯이, 고객사의 니즈에 맞는 후보자들을 서칭하고 추천하기 위해서는 고객사의 요구사항과 Job Description에 대한 철저한 이해가 필요하다. 고객사에 뛰어난 역량을 보유한 후보자를 추천한다고 해서 반드시 합격하는 것도 아니다. 고객사가 요구하는 연령대, 학력, 학교 수준, 연봉밴드, 이직 횟수, 어학 역량, 경험회사의 수준 등을 기본적으로 이해하고, Job Description에 기반한 역량을 보유하고 있는 후보자를 서칭하고 추천해야만 한다.

 그리고, 최근에 여러 대내외 환경변화에 발맞추어 각 기업 내부의 비즈니스 프로세스와 시스템(개발, 생산, 판매, 지원&스텝)에도 많은 변화가 진행되고 있다. 각 기업의 직무 시스템들이 더욱 정교하게 프로세스화, 시스템화, 통합화되는 방향으로 발전하는 추세이다. 따라서 비즈니스 시스템상의 개발, 생산, 판매, 지원, 스텝 직무가 어떻게 시스템화되고 발전하는지에 관한 추이도 이해하고 학습해 나가야만 한다. 비즈니스 프로세스와 시스템의 변화에 따라 고객사에서 요구하는 채용 니즈도 변화하고 있기 때문이다. 연구개발 부문은 신기술, 신제품, AI 역량을 보유한 후보자들에 대한 채용 니즈가 증가하고 있고, 생산 부문은 스마트 팩토리 관련 채용 니즈가 증가하고 있고, 영업과 마케팅부문은 대면 영업에서 온라인 영업, 이커머스 영업, 디지털 마케팅, 마케팅 자동화 등으로 발전하고 있다. 이런 발전 방향에 따라 각종 시스템을 활용할 수 있는 역량을 보유한 후보자들에 대한 채용 니즈가 증가하고 있다. 지원&스텝 부문은 개별 시스템에서 통합 시스템 관련 채용 니즈가 증가하고 있으며, 비즈니스 시스템 전 부문에 걸쳐 ESG 경영, AI, 빅데이터 등 관련 후보자들에 대한 채용 니즈가 증가하고 있는 추세이다. 이러한 트렌드는 대기업에서 중견기업, 중소기업으로 점진적으로 전파되고 있다. 내 경험에 비추어봐도 지난 약 3년 간의 성사 건수의 80%가 비즈니스 시스템의 변화에 따른 후보자들을 추천하여 진행한 성과였다.

그리고 고객사에 Right Time으로 Right People을 추천하기 위해서는 Proactive하게 기업·직무별로 후보자 Pool을 사전에 확보하고 준비하는 것도 필요하다. 각 기업들은 3~10개의 서치펌들을 활용하고 있다. 헤드헌터들이 후보자를 서칭하는 데이터베이스가 사람인, 잡코리아,

인크루트, 피플앤잡, 리멤버, 링크드인 등으로 제한적이다. 채용해야 할 포지션을 두고 경쟁이 매우 심해 단순히 Reactive하게 접근하는 것만으로는 한계가 있다. 따라서 억대 연봉의 잘 나가는 헤드헌터가 되기 위해서는 각 기업별 트렌드를 반영한 기업 맞춤형 직무별 후보Pool을 Proactive하게 조금씩 구축해 나가는 것이 많은 도움이 된다.

가끔 후보자들의 지원서를 받아 보고 당황스러울 때가 있다. 자신이 지원하는 포지션에 대한 경력과 역량이 충분함에도 JD상에서 요구하는 담당업무와 지원요건을 강조하기보다는 자신이 해온 일을 그냥 나열해서 지원서가 차별화되지 않는다는 점 때문이다. 한 포지션을 두고 여러 서치펌·헤드헌터들이 후보자들의 지원서를 보낼 것인데, 같은 조건이면 JD상의 담당업무와 지원요건을 보유하고 있다는 것을 강조하면 상대적으로 서류전형부터 통과하기가 쉽다. 처음부터 JD상의 담당업무와 지원요건과 연동하여 지원서를 작성하는 후보자들이 그렇지 않은 후보자들에 비해 상대적으로 서류전형에서도 면접전형에서도 합격 가능성이 높았다. 지원서 작성을 할 때부터 그렇게 훈련된 결과가 면접전형에서도 발휘되는 것이다. 따라서 후보자들이 지원서를 작성할 때 JD상의 담당업무와 지원요건과 연동하여 핵심역량, 경력 사항, 세부 경력을 작성하도록 코칭하는 것도 헤드헌터의 중요한 업무 중의 하나이다. 다른 서치펌·헤드헌터들과 경쟁하는 상황이기 때문에 같은 조건이라면 JD와 정합성이 높은 후보자들이 성사될 확률이 높다는 점을 명심해야 한다.

헤드헌터는 어떤 업종이나 업태와 비교해도 시간적으로 자유롭고, 또한 개인적으로 일을 해 나가기 때문에 시간 관리를 얼마나 잘 하고 서칭 등에 얼마나 잘 몰입하는지가 매우 중요하다. 직장생활과 달리 시공간적으로 분리되어 혼자서 일을 하기 때문에 자신만의 생활 및 업무 패턴을 구축하고, 업무를 할 때에는 철저하게 몰입해 나가는 것이 필요하다.

그리고 이미 겪었거나 앞으로 겪게 될 일이지만, 후보자가 지원을 한다고 해놓고 지원을 하지 않거나, 서류전형에 합격한 후에 면접에 참석하지 않거나, 면접에 합격한 후에 오퍼가 결렬되어 이탈하거나, 오퍼에 사인한 이후에 이탈하거나, 입사 이후 보증 기간 중에 이탈을 하는 여러 가지 상황들을 겪게 될 것이다.

내가 겪은 사례 중에 두 가지만 이야기해 보겠다. 최신 기술 중의 하나인 LiDAR 전문가이며 명문대 학사, 명문대 석사, 미국 명문대 박사 출신으로 미국 현지의 Global 회사에 근무하고 있는 모 후보자와 연결이 되어 모 대기업에 1차, 2차, CEO 면접까지 합격하고, 오퍼와 입사 시점도 합의가 되어 임원으로 입사를 앞두고 있었다. 그런데 미국에서 가족들과 살고 있는 집을 포함하여 주변 몇십만 평이 화재로 전소되었고, 미국 현지에서의 여러 상황 변화로 인해 결국 입사하지 못한 경우가 있었다. 또한 미국 명문대 학사, 미국 명문대 MBA 출신의 전략/신사업/M&A 전문가로서 미국 현지의 Global 회사를 거쳐, 외국계 컨설팅 회사에서 임원으로 근무하고 있는 미국 교포 후보자가 연결되어, 모 대기업에 1차, 2차, CSO, CEO 면접까지 합격하고 오퍼와 입사일도 합의가 되어, 임원으로 입사 한 달을 앞두고 미국의 가족 문제로 외국계 컨설팅 회사에서의 성과 인센티브 1억도 포기하고 미국으로 돌아가서 모 대기업에 입사하지 못한 사례도 있다.

　이 두 가지 사례만 해도 매출 7~8천만 원이 그냥 사라져 버렸다. 헤드헌터 일을 하는 동안에 매출 규모가 작은 사례부터 큰 사례까지 많은 이탈 상황들을 겪게 될 것이다. 나도 매출 규모가 큰 경우에는 아직도 한편으로는 스트레스를 받아서 나름의 방법으로 해소하지만, 다른 한편으로는 이 후보자들과 아직도 안부를 주고받으며 편한 관계가 되었다. 언젠가 다시 내 자산이 될 수도 있을 후보로서 관리를 해나가고 있는 것이다. 이탈 상황에 직면했을 때 매번 스트레스를 받아서 힘들어하는 상황이 누적되면 일에도 집중하지 못하고, 건강도 해칠 우려가 있으니 자기만의 스트레스 관리 방법을 찾아서 빨리 풀어버려야 한다. 좋아하는 운동을 하든지 등산을 하든지 등등, 자기만의 스트레스 관리 방법으로 빨리 떨쳐 버리는 것이 좋다.

　잘하는 헤드헌터들이 많은데도 불구하고, 내 경험과 생각들을 중심으로 두서없이 적어 보았는데, 조금이라도 도움이 되었으면 좋겠다. 처음부터 헤드헌터를 하는 분들도 직장생활을 하다가 헤드헌터를 하는 분들도 은퇴 후 제2의 삶으로 헤드헌터를 하는 분들도, 모두 헤드헌터로서의 개인적인 목표가 있을 것으로 생각된다. 모두 자기 자신의 목표를 달성하여 고객사도 헤드헌터도 서치펌도 상호 Win-Win 할 수 있기를 기원한다.

채용사와 후보자라는 두 고객

김영순

● 기업과 후보자라는 두 고객

헤드헌터는 포지션을 의뢰하는 기업과 그 포지션에 추천하는 후보 양쪽 모두를 고객으로 모시고 컨설팅을 제공하고 케어하는 직업이다. 두 고객 모두를 만족시키고 두 고객이 각각 원하는 바를 조율하여 합일점을 찾아주고 연결해주어 서로 만족할 수 있는 가운데 나의 성공이 성사된다.

고객사에게 단순히 채용 인재를 찾아 주는 것보다는 그 이상의, 고객사의 사업 방향과 그에 필요한 인재상에 대해 깊이 공감하며 신속하게 좋은 인재를 추천하고, 프로페셔널하게 고객사에 인력 컨설팅을 제공하며 최종 채용까지 이어 나가는 것이 내가 생각하는 이상적인 헤드헌터상이고 앞으로도 그럴 것이다.

처음 의뢰를 맡게 되면 헤드헌터가 여러 후보군을 신속하게 제시하여 고객사와 합을 맞추는 과정이 필요하다. 헤드헌터가 제공하는 프로페셔널한 컨설팅과 서비스에 만족하는 인사담당자는 더 필요한 핏을 추가로 알려주고 헤드헌터와 의논하면서 채용하고자 하는 인재상을 맞춰 나간다.

첫 케이스에서 합격자가 바로 나오지 않아도 실망할 필요는 없다. 신속하고 프로페셔널한 응대와 이러한 '나'라는 헤드헌터만의 insight를 경험한 고객사는 이후에도 계속 포지션 의뢰를 하면서, 이 사이클이 이어지기 때문이다.

드디어 최종 합격한 인재 채용이 한 건, 두 건 성사로 시작하여 채용 성사가 꾸준히 이어지고, 이 과정에서 쌓이게 된 신뢰 관계에서 믿고 맡기는 헤드헌팅 컨설턴트로 자리매김하다 보면, 고객사에는 없던 새로운 조직 구성이나 인재를 필요로 할 때, 담당 헤드헌터인 나에게 오히려 자문을 구하기도 한다. 이때 이 기업에 맞는 채용에 적절한 조언과 JD 등을 제시하면 이 포지션은 타 헤드헌터사가 아닌 '나'라는 헤드헌터만의 채용 포지션이 된다.

실제로 한 기업 고객사에서 새로운 조직 구성과 이에 필요한 채용을 위해 미팅 요청을 받았었다. 이 기업은 아직은 일반 오프라인 유통채널에서 소비재를 유통하는 정통 B2C 소비재에서 자사몰 기반에 D2C(Direct to Consumer) 이커머스 사업 분야를 강화하면서 이를 위한 마케팅 조직을 신설하려는 중이었다. 현재 조직상에는 없는 최신 트렌드의 이커머스 플랫폼 기업에서의 마케팅(퍼포먼스, CRM, 컨텐츠, BI 등) 조직과 이를 위한 경력자들을 신규 채용하려는데, 소비자의 소비로 바로 이어지는 이커머스 마케팅 전문가를 도입할 때 현 조직에 어떻게 적용할지에 대한 고민과, 어떤 분야와 경력의 사람을 찾아야 하는지에 자문을 구하는 미팅이었다.

정통 브랜드 마케팅과 유통 채널 영업을 하고 있는 현재의 비즈니스 구조상에서 이커머스 사업을 혁신하여 사업영역을 넓히고 기존 조직에도 새로운 자극을 줄 수 있는 해당 분야 전문 인재를 영입하고자 하는 매니지먼트단의 의지는 강했다. 또한 실제 이 분야 사업 영역과 조직 확장을 위해 매니지먼트단에서도 많은 조사를 한 상태였었다. 기존 조직 내에서는 유명 온라인 쇼핑몰 채널에 판매가 이뤄지도록 유통 채널 영업을 진행하고 있었고, 온라인&디지털 마케팅도 현 마케팅 조직에서 하고 있지만 실제로는 D2C 전문가는 아직 없는 상태에서 D2C 오퍼레이션과 전문적인 이커머스만을 위한 마케팅을 바로 다 적용할 수 있는지에 대한 기업의 고민에 더해, 내가 보기에도 여러모로 생각을 해봐야 하는 부분이 있었다.

기업 입장에서는 기존 조직과 D2C 분야의 새로운 조직과의 업무 적용 및 이 사업 각각 분야에서 이끌어 나갈 전문가이자 팀을 핸들링할 수 있는 매니저 레벨을 원하고 있는 반면에, 실제로 시장에 형성된 이커머스 플랫폼 기업의 인재풀은 각 전문 분야 — 퍼포먼스, CRM, 컨텐츠, BI 이든 — 에서 같은 매니저 레벨로 봤을 때 훨씬 더 젊었다. 또한 위와 같은 기업 고객사의 요구조건을 다 핸들링하기엔 각각의 전문 분야에서는 강하지만 이미 업무적으로 쪼개져 있는 분야만 담당하고 있는 경력자들이라, 비즈니스 모델이 변화하는 이 기업에서의 매니저 역할을 할 수 있는지는 물음표였다. 무엇보다도 이런 젊은 인재들은 본인들이 몸담고 있는 산업 분야에서 전문가로서 커리어를 키우고 싶어 하기 때문에, 이직하였을 때 계속 성장하고 본인의 커리어 성공 스토리도 만들 수 있는 매력 있는 포지션이어야 하는 점 등도 고민이었다. 연봉 사항도 두 사업군이 제법 차이가 있었다.

이런 상황에서 이 조직의 첫 세팅과 기존 부서와의 원활한 관계 및 협업을 할 수 있어야 하는 자리이기에, 기존 조직 운영과 신규 조직 운영이 부드럽게 연결될 수 있도록 첫 핵심 인재 영입을 위한 유연한 업무와 자격요건들에 대한 의견을 기업에 제시하고, 어떤 분야의 어떤 인재들을 영입하면 좋을지에 대한 의견도 피력하며 이 의견들을 반영한 포지션들의 각각의 JD가 만들어졌다.

물론 나에게만 오픈된 포지션은 아니었지만, 포지션이 나오게 된 배경, 현 사업과 조직에서 필요한 인재 리소스에 대한 깊은 고찰, 무엇보다도 내가 제시한 컨설팅이 결과적으로 많이 반영된 포지션이었기 때문에 나 역시 좋은 후보자 추천을 위해 다양한 기업의 다양한 커리어 포트폴리오를 가지고 있는 후보자들을 컨텍하며 많은 후보자풀을 기업에 추천할 수 있었고, 결국 내가 추천한 후보자들이 모두 채용되었다.

다른 편에는 후보자라는 고객이 있다.

후보자는 포지션을 제안하면서 관계가 시작되지만, 후보자의 강점과 제안 포지션의 매칭 포인트를 부각해주는 컨설팅을 제공하고 채용 프로세스를 진행하면서, 후보자가 의지하는 전략적인 컨설턴트이자 성공률을 높여주는 헤드헌터가 되는 것이 나로서는 중요하다고 여긴다.

처음 포지션이 오픈되면 헤드헌터는 산업군과 자격 요건을 잘 매칭하여 엄청나게 많은 후보자들을 서칭하기 시작한다. 인재풀이 조건이 맞는 유력 후보자들로 좁혀지면서 맞는 후보자들에게 포지션 제안과 함께 적극적으로 제안을 하게 되고, 후보자 입장에서 이직의 의지를 보이며 응해야 성립되는 관계이다. 이를 기점으로 후보자가 내가 하는 말에 귀를 기울이고 의지하도록 나 스스로도 본 포지션에 대한 확실한 이해와 정보를 제공할 수 있어야 하고, 이를 위해선 후보자에게 맞는 customizing consulting이 중요하다. 후보자 프로필상 겉으로 보기엔 기업에서 원하는 경력을 갖고 있긴 하나, 본 포지션에 원하는 직무요건이 100% 매칭이 안 되는 경우도 있어 이럴 경우는 직접 후보자와 면담하면서 잘하는 부분, 자격요건에 매칭이 되는지 잘 캐칭하고 적합한 후보인지 판단해야 한다.

이러한 과정을 통해 잘 맞는 후보를 찾으면 그 후보자를 기업에 추천하게 되고, 후보자의 경력과 역량이 확실히 맞는지 다시 한번 살펴보고, 또한 후보자의 강점을 잘 보일 수 있는 깊이 있는 커리어 컨설팅을 제공한다. 이러한 단계를 통해 후보자는 경력상, 능력상 강점을 잘 어필할 수 있는 이력서를 스스로 보완하게 되고, 또한 면접 시 기업에서 바라는 역량에 맞춰 본인 역량을 예리하게 어필하도록 준비한다. 이 과정은 헤드헌터로서 고객사와는 또 다른 즐거움을 나에게 선사하는 과정이기도 하다. 좋은 원석을 빛나는 다이아몬드로 다듬어가는 과정이

랄까?

 이러한 컨설팅을 기반으로 본격적으로 채용프로세스가 시작되면, 확실히 검증된 소수 정예의 후보자 추천으로도 서류전형, 면접진행, 최종합격으로의 성공률이 높아지고, 마침내 최종합격자가 나오게 된다. 이번에 꼭 합격하지 않더라도 나와 진행해 본 후보자는 검증된 후보자이자 컨설팅을 이미 받은 후보자이기 때문에 향후 이 후보자에게 맞는 다른 포지션 오픈 시 더 자신 있게 추천할 수 있고 합격률도 배가 된다. 물론 이 모든 컨설팅 전에 해당 포지션에 확실히 맞는 좋은 역량과 경력을 가진 후보자여야 한다는 전제가 필수이지만.

 정말 좋은 역량과 경력을 가진 후보자들이 생각보다 이력서 작성이나 면접 경험이 적거나 서투른 경우도 많아, 면담해보면 기존에 이직 진행 시 안타까웠던 사연을 듣는 경우가 왕왕 있었다. 이런 후보자에게 맞는 컨설팅을 잘 제공하면 좋은 이력서를 스스로 작성하고 면접 준비도 좀 더 예리하게 잘 준비하면서 결국 최종 합격으로 이어져, 기업에 입사 후에도 좋은 역량을 보여주며 장기 근속하는 좋은 기업 인재로 제일 성공적인 결실을 맺게 된다. 이런 결실로 고객사에서도 또한 근무하고 있는 합격자에게서도 양쪽에서 감사하다는 얘기를 들을 때만큼 내 직업에 자부심을 가지는 때도 없다.

 이렇게 컨설팅을 잘해준 후보자가, 내가 진행한 포지션에 합격이 안 되고 다른 기업에 취업했더라도 너무 속상할 필요는 없는 것 같다. 다른 기업에 채용되었더라도 내 컨설팅을 반영하여 그 기업에 채용되었을 테니 이 후보자는 나를 기억할 것이고 다른 헤드헌터에게 만족 못할 것이며, 몇 년 후에는 한층 업그레이드된 커리어로 다시 나의 유력 후보자 고객이 될 테니까 말이다.

● 채용성공을 위한 헤드헌팅 업무 프로세스

피플케어코리아에서는 신중진 대표님의 체계적인 헤드헌팅 업무 교육을 받으면서 바로바로 업무에 적용하며 일을 시작한다. 여기에 나만의 노하우로 특별함을 더하게 된다.

대표님의 두번째 책인 〈억대 연봉 헤드헌터의 정석〉은 피플케어의 교과서로, 대부분의 과정은 피플케어의 전문적인 메뉴얼을 따르기 때문에 따로 기재하지 않고, 여기에는 추가로 나만의 방식을 덧붙인 프로세스 사이클에 따라 이야기해 보려 한다. 내 나름의 강점을 적용한 나만의 채용 프로세스의 포지션 오픈부터 최종 채용까지를 사이클로 보면 이러하다.

1) 포지션 의뢰 단계

처음에 신규 고객사/포지션을 시작하게 되면, 가장 필요한 것은 적극적이고 빠른 응대다. 여기서 인사담당자의 연락처를 알게 되어 연락하는 처음 컨텍 단계이든 포지션 JD까지 받았든 그것은 상관없다.

일 초도 망설이지 말고 이 기업 인사담당자에게 연락한다. 바로 전화를 못 받을 걸 대비해 메시지로 명함을 보내며 본인 소개를 하고,

바로 전화하여 Ice-breaking 한 후 다시 정중한 메일 응대를 한다. 신중하게 그 기업에 대해서 완전히 다 조사한 후 컨텍해야 한다고 생각할 수도 있지만, 먼저 인사담당자와 인사를 터놓고 시작해도 늦지 않다. 적극성과 신속성을 보여주는 게 중요하다. 물론 경우에 따라 많은 헤드헌팅 기업을 이용하고 있는 기업 인사담당자들은 처음부터 전화에 응해 주지 않는 경우도 있긴 하지만, 이럴 때 메일과 메시지 등으로 적절하게 연락하여, 신속하고 전문적인 헤드헌터에게 케어받고 있음을 인지할 수 있는 헤드헌팅 서비스를 제공하려고 한다.

아래는 빠른 전화 컨텍 후 정식으로 고객사 인사담당자에게 보내는 메일 예시이다.

안녕하세요. AAA 팀장(직책명) 님,

방금 유선상으로 인사드린 피플케어코리아담당 헤드헌터 김영순 입니다.

먼저 보내주신 포지션 외뢰 사항 참조하여 인재 서치를 시작하겠습니다.

포지션 파악을 위해 구인요청내역서 첨부드리오니 좀더 자세한 사항 여쭤보면서 적합한 후보자를 찾아 가능한 빠른 시간에 추천 드리고자 합니다.
먼저 구인의뢰 주실때의 내용과 유선상으로 문의드린 부분 숙지하였고, 다른 부분은 시간 괜찮으실 때 편하게 말씀해주세요.

또한 저희 피플케어코리아의 표준계약서 첨부드리오니 계약서상의 수수료 등 문의 사항이나 의견 주실 부분 있으시면 언제든지 연락주세요.

감사합니다.

첨부 1. 피플케어코리아 표준계약서
    2. 구인요청내역서

감사합니다.

김영순 드림

해당 포지션과 그런 포지션이 필요한 기업의 사업상 배경, 방향성 등 실제 추가로 물어봐야 할 자격요건 등은 스스로 빠르게 서칭 등 조사로 알아보고 바로 해당 후보자에 컨텍하면서 중간중간 인사담당자에게 문

의해야 한다. 물론 기업에서 위 사항에 따른 기업 소개와 JD를 주기는 하나 어떤 기업은 모집 요강에서 업무 내용과 자격요건이 너무나도 짧고, 또 어떤 기업은 지나치게 조건이 많기도 하기 때문에 정말 기업에서 원하는 핵심역량이 무엇인지는 꼭 알아내야 한다.

여기서 중요한 건 '눈치껏'이라는 점이다. 우리나라 사람이라면 모두 다 잘하는 '눈치껏'이라는 말은 타이밍일 수도 있고 상대방의 의도를 빠르게 알아채면서 효율적으로 대응하는 것일 수도 있는 중요한 센스다.

사실 처음부터 모든 내용을 공유해주는 인사담당자는 잘 없다. 공유해주기 싫어서가 아니라 인사담당자는 헤드헌팅사에게 의뢰하는 업무뿐 아니라 기업에서 필요한 모든 인사 업무를 하기 때문에 항상 바쁘고, 채용 전문 인사담당자도 이어지는 면접 미팅으로 본인 자리 복귀도 힘들어, 기업에서 의뢰하는 모든 헤드헌터에게 다 설명해 줄 시간도 부족할 수밖에 없다. 앞서 예시로 든 공식 메일에 첨부한 구인요청 내역서는 해당 기업과 포지션 관련 질문이긴 하나, 실제로 많은 질의를 읽어보고 자세한 답변을 한 번에 모두 주는 경우는 물리적인 시간상 힘들 수밖에 없다. 또한 채용을 진행하면서 기업 입장에서는 후보자 면접을 직접 부딪쳐가며 추가로 고려하게 되는 사항도 생길 수 있기 때문에 아예 처음부터 완벽하게 모든 정보와 요구사항을 헤드헌터에게 주기는 힘들다. 나의 고객사 인사 매니저들은 문의한 내용에 항상 자세하게 설명과 공유하려고 하지만 눈 깜빡할 사이에 업무시간이 지나 퇴근하면서 늦게 연락하는 것을 정말 미안해하며 전화를 주기도 한다.

"이사님, 아까 연락주셨는데 이제야 연락드려요. 벌써 퇴근시간인데…… 죄송합니다."

"아닙니다. 팀장님, 저도 팀장님 한창 바쁘신 거 같아 이번 포지션 문의 사항 편하실 때 보실 수 있도록 메시지로 남겨 놨습니다. 그 질문에서 후보자들이 추가로 물어봤던 공통된 질문이 있는데요……(후략)"

해서 인사담당자에게 추가적인 문의 사항은 바로 문의하기보다 타이밍을 보면서, 후보자를 추천하면서 기회를 엿보다가 유선상으로 메시지로, 또는 메일로 인사담당자가 바로 답변을 못 주더라도 편한 시간에 답을 할 수 있도록 배려해주면서 눈치껏 문의해야 한다. 이때 무조건 질문을 하기보다는 나 스스로도 해당 기업과 그 산업 분야, 포지션에 대한 이해도와 역량 있는 헤드헌터로서의 모습을 보여주면서 문의하면 인사담당자도 더욱더 충실히 답해준다.

한번은 기업고객에서 기술적인 지식과 경험을 가진 대리급 포지션의 신규 채용을 진행하는데, 실제 대리급으로는 기업에서 요구하는 모든 자격요건을 갖추기는 무리가 있음을 많은 후보자와 컨택하면서 자연스럽게 이뤄진 시장조사를 통해 알게 되었다.

"부장님, 이번 대리급 포지션, 후보자 찾아보면서 동종업계 시장 인력 사항을 보니, 원하시는 기술적인 경험은 대리급보다는 과장급이, 오히려 경험과 역량을 다 갖추고 있네요. 혹시 과장급까지 후보자 풀을 넓혀서 보아도 괜찮을까요? 연봉 범위는 기업마다 다르긴 해도 OO~OO만 원 정도까지 과장급 후보자들도 많아서, 너무 무리하지 않는 선에서 후보자 추천드릴 수 있을 것 같습니다."

"네, 이사님, 안 그래도 저희도 지원한 후보자들을 보니 대리급으로는 한계가 있어서 내부적으로 논의 중입니다. 후보자풀은 과장급까지 넓혀서 찾아 주세요."

기업에서 이 포지션을 처음 오픈했을 때 인력시장 내 동종업계 비슷한 경력 연차에 따른 평균연봉 수준 리서치와 조직 내에서의 니즈를 반영한 자격요건이었지만 실제 인력풀 시장에서 채용을 진행하다 보니 차이가 있었고, 기업에서도 직접 후보자를 진행하면서 겪게 된 같은 경험을 같이 공감하며 제시한 조건을 반영했던 케이스였다.

물론 기업 입장에서 채용 예산은 정해져 있고 그만큼의 조직상 유연성을 발휘할 수 없는 경우가 대부분이기 때문에, 이 경우에는 최선을 다해 기업 고객사에 맞춰야 한다.

어떤 경우이든 깊이 있는 질문과 실제 시장 케이스에 대한 의견을 정중히 얘기하면 인사담당자가 '업무적으로는 이 헤드헌터가 인정할만한 실력 있는 헤드헌터이구나.' 내지는 '정서적으로 나와 같은 고민을 하고 있구나.'라고 공감하며 더 좋은 답변을 주려고 한다는 것을 봐 왔다. 이런 과정에서 업무상 신뢰 관계도 쌓아가게 되고 최종 채용 성사에도 더 가까워질 수 있었다.

2) 후보자 서칭 및 포지션 제안

본격적으로 후보자 서칭을 함에 있어서 먼저 나의 헤드헌터 기업 DB와 나만의 후보자 풀을 체크해 본다. 이전에 쌓아 놓은 DB에서 당시는 추천 못했지만 이미 자질이 검증된 좋은 후보자를 찾을 수 있고, 다른 유사 직종으로 추천한 후보자가 당시 최종 합격은 안 되었던 경우에도 이번 포지션에 잘 맞을 수도 있어서 추천 시 성공률이 높다.

그리고 우리가 잘 알고 있는 사람인, 잡코리아 등 인재 포탈별 공고도 올리고, 후보자 풀을 다각도로 모으고 추천할 수 있도록 동료 헤드헌터들에게도 코웍을 제안한다. 고객사 기업이 본 포지션을 비밀리에 뽑거나 공채가 아닌 케이스가 있을 수도 있으니, 공고에는 기업 JD를 그대로 보여주기보다는 좀 더 간단하고 정말 필요한 요건을 키워드로 뽑아내어 공고용 JD를 짧고 굵게 만들어 공고에 올리고, 본 공고를 보고 지원하는 좋은 후보자에게 바로 제안하여, 후보자 풀을 확보하고 향후 유사 또는 동종 산업군에 필요한 양질의 후보자도 미리 확인할 수 있다.

본격적으로 인재 플랫폼에서 후보자 서칭을 시작할 때는 산업군과 기업 유형에 맞는 서칭 플랫폼부터 시작한다. 예를 들어 국내기업 후보자 풀은 대표 포탈인 사람인을 시작으로 잡코리아 등을 많이 이용하나, 외국계 기업의 경우는 링크드인, 피플앤잡에 핏에 맞는 후보자들 풀이 많이 있어 이 플랫폼들을 이용하는 경우도 있고, 외국계 기업을 포함한 일정 수준 이상 규모의 대기업이나 트렌디한 젊은 유명 기업 후보자 풀은 리멤버, 링크드인 등에, 특정 기술 분야나 산업군 분야에서는 해당하는 산업군 전문 커뮤니티부터 공고와 서칭을 시작하기도 한다. 해 보면서 본인 고객 기업사에 맞는 포탈이나 커뮤니티가 있기 마련이니 그에 맞게 서칭을 시작하고 적정 후보자에게 제안 후 바로 응답이 없으면 재차 제안하며 후보자가 지원하고 싶을 만한 포인트를 잘 캐치하여 지원하도록 설득하여 후보자가 이력서 지원을 하도록 한다. 물론 경험을 쌓아가면서 이미 확보한 인재풀에서 알게 된 인맥으로 직접 소개받거나 컨택하여 제안하는 경우도 많아지게 된다.

후보자에게 포지션 제안할 때는 유선, 메일, 메시지 등 다양한 방법이 있으나, 항상 프로페셔널한 헤드헌터 제안 메일/문서로 정식 제안서를 보내는 방식이다. 빠르게 온라인, 유선, 채팅으로 제안을 먼저 하더라도, 내가 고집하는 방식은 이것이다. 모든 포지션 제안이 같지 않냐고 할 수 있지만, 처음 제안 메일을 작성할 때 Greeting과 제안하는 포지션 명시 이후 포지션 기업에 대한 소개와 JD를 작성하고 해당 기업의 철학, 로고 및 이미지, 복리후생 내용 등도 잘 소개하여, 후보자가 처음 들어 보는 기업이라도 신뢰를 가지고 지원할 수 있도록 하고, 귀한 스카우트 제의를 받고 있음을 보여준다. 내가 후보자 입장이었을 때도 이렇게 정중하게 제안을 보내는 헤드헌터가 더 신뢰가 갔었던 경험을 바탕으로, 후보자 입장에서의 정식 제안 문서 방식을 고수하고 있다. 물론 이후 커뮤니케이션은 유선뿐 아니라 문자나 메시지 등 여러 방식으로 빠르고 신속하게 대응한다.

```
안녕하세요. OOO님.
피플케어코리아 헤드헌터 김영순입니다.

유선상으로 먼저 인사드리게 되어 반가웠습니다.

제안 드리는 포지션은 글로벌 @@@ 분야의 Top Tier 기업인 BB 기업의 @@@ 포지션입니다.
본 기업은 매년 @@%씩 가파르게 성장하고 있는 기업으로 본 포지션의 부서장으로서 OOO님 같은 깊은 경력의 인재를 구하고 있습니다.
자세한 모집요강 아래와 같이 드리오니 지원하신다면 국영문이력서(보유하고 계신 이력서 또는 첨부양식)로 지원 부탁드립니다.

궁금한 사항은 언제든지 연락주세요.

[기업로고 및 이미지]

[기업 소개]
본기업은 19@@ 년에 설립된 기업으로 ..., 현재 사업 현황과 방향은 ... 하고 앞으로 ... 한 성장을 향한 비전있는 기업입니다.
이번 포지션에서는 @@@ 한 이유로 역량있는 인재를 찾고 있습니다.
 · 설립년도
 · 소재지
 · 매출
 · 사원수
 · 홈페이지

[포지션]
 · 담당업무
   1.
   2.
   3.
 · 자격요건
   1.
   2.
   3
 · 복리후생
   1.
   2.
   3
```

사실 서칭부터 후보자가 제안을 수락하는 과정까지는 길고 지루한 여정이다. 개인적으로는 여러 헤드헌팅 업무 중에서 가장 고루하고 재미없는 작업이다. 아니 '이었'다. 하다 보니 후보자 커리어 프로필을 검토하는 속도가 빨라지기도 했고, 해당 직군에 대한 시장조사가 인재풀을 보면서 더 깊이 공부도 되며, 무엇보다도 나만의 즐거운 상상력을 또 적용하여 '이 후보자 커리어에 이런 부분까지 더하면 완벽할 텐데…….', '여기엔 자세히 기재 안 되어 있지만 업무상 이런 경험도 있을 거 같은데, 물어보고 한 번 이 분야로 제안을 공략해 볼까?'하는 제안 설득 시나리오도 그려보는 등, 나름의 생산적인 상상을 더하니 이젠 좀 할 만한 것 같기도 하다. 아직까지는 한 포지션에(포지션에 따라 다르지만) 1,000~2,000명 이상의 프로필을 서칭해야 하는, 서칭하고, 컨텍하고, 제안하는, 눈이 빠지게 지루하고 무한 반복해야 하는 작업이기도 하지만….

3) 추천

지원한 후보자와의 면담과 이력서 컨설팅을 통해 후보자가 업데이트하여 완성된 최종 이력서로 고객사에 후보자의 경력/학력, 핵심 강점을 어필한 후보자 추천요약서(Candidate Report)와 함께 추천한다.

이때 핵심역량은 후보자의 강점과 해당 포지션에서 제일 바라는 요건 등이 매칭된 핵심역량을 부각하고 다른 사유(후보자가 이번 포지션으로 이직을 결심한 특별한 사유라든가 기존 기업의 퇴직 사유 등), 특이점 등 추가로 설명해야 하는 코멘트도 같이 내용을 기재해 준다. 아래는 피플케어 추천요약서 메뉴얼과 여기에 추가로 코멘트한 예시이다.

지원분야	AAA 차장급
성명	○○○
생년/나이	19○○ (XX세)
학력	• S대학교 C학과 졸업
경력	총 12년 8개월 • S기업 • P기업 • Q기업 • R기업
핵심역량 및 의견	• AAA산업군에서 전문가로서 경력과 역량 보유 • AAA 경험과 프로젝트 다수 • 특히 재직 당시 본 역량으로 기업내 최고 지원 수상 • AAA 자격증 보유 *본후보자는 AAA분야에서 탄탄한 경력을 쌓은 후보자로서 이번 포지션에 적합한 후보라 추천 드립니다. P기업과 S기업 사이의 공백기가 있긴 하나 당시 커리어 영역을 넓히기 위한 이직 준비와 AAA관련 자격증 공부를 준비하는 기간을 가졌었고, 이후 S기업에 입사하여 좋은 성과를 인정받아 팀장으로 근무중으로 이번에 S기업 사옥 이전으로 고민 끝에 이직을 결심한 후보입니다.

    기업 입장에서는 기존 경력의 근속년수가 길고, 되도록 공백기가 없는 후보자를 원하고 나 또한 그에 맞는 후보자를 추천한다. 하지만 때론 역량과 성품이 훌륭한 후보자인데 어쩔 수 없는 사정을 가진 후보자도 있기 마련이라 정말 좋은 후보자라면 정당한 사유 설명과 함께 추천하기를 권한다. 좋은 후보자라면 기업 입장에서는 다양하고 좋은 후보자 풀을 많이 보고 확보할 수 있기 때문에 나쁠 이유는 없다. 이렇게 추천 메일을 보내고 유선이나 메시지 상으로 인사담당자에게 간곡하게 설명을 추가하기도 한다.

"매니저님, 좀 전에 후보 추천드렸습니다. 중간에 공백기가 있어서 궁금해하실 거 같아 사유 좀 자세히 기입해서 드렸어요. P기업에서는 5년간 근무하면서 A 분야의 전문성과 커리어 확장을 위해 퇴사했었고, 퇴사 후에는 이전부터 준비하고 있던 B 자격증을 획득하면서 잠시 공백기를 가졌습니다. 이후 입사한 S기업에서는 공백기에 준비한 자격증 덕분에 중요한 프로젝트를 맡으며 좋은 성과를 내었고 이번에 본 포지션으로 지원했습니다."

"네 이사님, 그럼 지금 기업에서 이직하려는 사유는 뭔가요? '사옥이전'이라고는 보았는데 구체적으로 알려주실 수 있을까요?"

"네, 본인이 지금 기업에서 만족도도 높고 팀장으로서 책임감 때문에 고민을 많이 했는데, 사옥 이전하는 곳이 너무 반대편이라 거리상 출퇴근이 불가능하고 아무래도 자녀들 학교 문제도 있고 해서, 마침 이 타이밍에 저희가 이번 포지션을 제안한 터라, 고심 끝에 이직하기로 결정했습니다. 더 자세한 사유는 면접 때 깊은 얘기 나눠 보시면 어떠실까요?"

이렇게 추천 후, 인사담당자가 바쁜 시간에 틈틈이 확인할 수 있도록 메시지나 알라밍을 해주고 추천 이후 꼭 결과가 나오지 않더라도 현황 체크도 할 겸 피드백 체크를 한다. 간혹 유선상으로 인사담당자에게 체크할 경우는 진행 상황 및 결과 체크뿐 아니라 추가 후보자 추천을 위한 질문을 곁들이기도 한다.

4) 면접

 이렇게 추천한 후보 중에서 면접이 진행되는 경우, 고객사에 직접 사전에 면접 포인트 등을 문의하기도 하고, 후보자단에는 준비하면 좋을 부분을 사전 예상 질문으로 준비하여 면접 컨설팅을 제공한다. 단순한 안내뿐 아니라 이력서 컨설팅 당시 후보자의 강점으로 상담했던 핵심역량 사항과, 동시에 헤드헌터의 눈으로 기업에 어필했던 후보자의 강점 부분을 면접 보는 후보자에게도 상기시켜 면접을 체계적으로 준비할 수 있도록 도움을 준다. 후보자가 본인이 생각하는 경력상, 역량상 강점과 고객기업에서 원하는 강점과 업무역량 사이에서 면접 동안 양쪽의 Client가 공통의 지향점을 놓고 깊이 있는 대화를 할 수 있도록 방향을 잡아주는 컨설팅이 필요하다.

 실제로 중견 제조사의 경영기획 리더급 포지션을 채용하는 데, JD상에는 일반적인 모집요강 — 경영기획, 사업 기획 등 일반적인 경영기획의 업무 — 와 자격요건이 기재되었지만, 본 기업은 신사업과 M&A에 대한 계획을 잡고 있던 시기로 이 분야의 풍부한 경험을 가진 인재를 필요로 했었다. 해당 후보를 추천할 때 기업에 이 후보자가 어떠한 신사업기획과 M&A를 성사했는지에 대한 코멘트를 하며 추천하였고, 후보자가 서류전형을 거쳐 면접을 볼 때도 이 부분을 구체적으로 잘 준비해서 면접관에게 어필할 수 있도록 상기시켰다.

 "후보님, 면접 때 최근 진행하셨던 신사업 M&A건 자세하게 어떤 목적과 전략으로 성공리에 이루셨는지 체계적으로 어필하시면 좋을 거 같아요. 지원하신 포지션에서 이쪽 경험 있으신 분을 우선순위로 보고 있어서요. 후보님께서 워낙 이 분야로 좋은 성과를 이력서에 보여주셔서 면접 때도 구체적으로 설명 주시면 좋을 거 같습니다."

"네 이사님, 그렇다면 M&A 프로젝트 당시 조사했던 시장 현황과 함께 지금 지원 기업에서의 신사업 방향성 문의하면서 얘기해도 될까요? 저도 사실 많이 궁금해서요."

"네 그럼요! 기업에서 다는 아니더라도 어느 정도까지는 공개해 주실 거 같습니다. 질문도 하시면서 얘기 들어 보시고 그 내용에 맞는 경험이나 역량 더 핏하게 추가로 언급하시면 금상첨화이실 거에요. 후보님이 이 분야 전문가이시니 기업에서 원하는 바를 바로 캐치하시고 말씀 나누시면, 서로에게 도움 되는 면접 시간 되실 겁니다."

그리고 후보자에게는 무엇보다도 면접 현장에서 본인의 강점을 십분 펼쳐 보일 수 있도록 자신감을 고취시켜 주는 게 많은 도움이 된다. 또한 면접에서 기업에 관해 더 잘 알아가고 지원 포지션에 대한 자신감을 얻도록 면접관에게 질문도 하는 쌍방 커뮤니케이션 면접이 될 수 있는, 건설적인 면접 미팅이 되시라고 독려도 잊지 않는다. 어찌 보면 당연한 수순이지만 후보자가 자신감 있는 상태에서 본인을 보여주면 기업에서도 후보자의 진면목을 알아보고 이 인재가 같이 갈 인재인지 확실히 결정할 수 있다.

오랜만에 면접을 본다거나 천성이 본인 PR을 못 하는 스타일인 후보자라면 면접 때 본인이 보여줘야 하는 역량을 다 보여줄 수 있도록, 또한 원래도 잘하는 후보자라면 긴장감을 풀고 더욱더 자신감 있게 핵심 포인트를 어필하도록, 면접 전에 간단하게 긴장을 풀게끔 전화상으로

small talk을 하기도 하고 때에 따라서는 면접장에 들어가기 직전 엘리베이터 앞에서 응원을 하기도 했다. 해서 후보자가 후회 없이 면접을 마칠 수 있도록 해준다.

"후보자님! 오늘 면접 파이팅입니다!"

5) 처우 협의 및 최종합격

최종 면접을 통과하면 이제 연봉, 처우 협의가 시작된다. 면접 최종 합격이니 끝난 것이라 생각할 수 있으나 이 단계는 헤드헌터로서는 또 새로운 라운드라고 여기고 긴장의 끈을 놓지 말아야 한다. 생각보다 이 단계에서 성사가 안 되는 경우도 많아서 헤드헌터 사이에서는 운이 따라야 하는 순간이 이 단계에서 가장 필요한 것 같다.

기업 입장의 연봉과 합격자가 원하는 연봉은 gap이 있을 수 있고 그 외 연봉을 포함한 처우, 복리후생, 입사 시기에 대해서도 서로 입장이 다를 수 있다. 이 차이가 큰 경우에는 양쪽 모두가 만족할 포인트를 캐 칭하고 정중하게 Negotiation을 하여 최종 오퍼를 합격자가 수락하면 최종 합격이 결정되고 채용 프로세스가 성공적으로 마무리된다.

어떻게 Negotiation을 하느냐에 정해진 답은 없는 것 같다. 그때의 상황에서 기업의 입장과 합격자의 입장이 최대한 서로 가까워질 수 있도록 양쪽에 정중하게 제안하고, 궁극적으로 서로가 같이 일하기를 원하고 있음을 전달하여 최종적으로 채용이 성사되게 한다. 혹여 성사가 되지 않더라도 기업과 입사하지 않은 합격자가 함께 하고 싶었다는 사실만은 좋은 기억으로 남게 마무리를 하고, 향후 이것이 양쪽에 좋은 기회가 되기도 한다.

"이사님, 지난 봄에 저희 최종 면접 합격하셨던 G후보자분, 아직 연락 가능하세요? 저희 이번에 같은 분야로 공석이 날 것 같은데, 그때 후보자분 면접도 잘 보셨고 아쉽게 성사가 안 됐어서……. 괜찮으시면 이번에 공석 나면 우선 순위로 제안하고 싶어서요."

"네, 매니저님, G후보자분 아직 이직 안 하셨어요. 연락해보고 말씀드리겠습니다!"

6) 사후관리

최종 합격이 끝이 아니다. 합격자가 출근하기 전까지는 보통 한 달 이상의 기간이 있기 마련이다. 합격자가 출근할 때까지 합격자의 근황을 살피고, 합격자가 입사한 이후에도 잘 적응하고 있는지 지속적으로 체크하는 것도 중요하다. 또한 기업에도 이 합격자가 잘 적응하여 근무하고 있는지 체크하고 향후 새로운 포지션 오픈 때 근속할 수 있는 후보자를 매칭하는 데 반영할 수 있도록 한다. 이렇게 기업과 입사한 합격자 모두 만족하는 근무가 오래 지속되어야 비로소 인정받는 헤드헌터가 된다고 생각한다.

합격자는 향후 본인 커리어를 지속적으로 나에게 상의하기도 하고 다른 좋은 후보를 소개해주기도 하며, 언젠가 새로운 나의 고객사를 소개해주기도 한다.

기업고객도 마찬가지로 이렇게 채용부터 사후관리까지 잘 케어해 주는 '나'라는 헤드헌터와 계속 신뢰 있는 파트너십을 유지해 나가면, 또한 그 인사담당자가 다른 기업 인사담당자를 소개해 주거나 본인이 다른 기업에 이직했을 때 신규 기업 고객사로서 포지션을 나에게 의뢰하기도 한다.

"이사님, 잘 지내셨어요? 저 최근에 Z기업 인사팀으로 이직했어요. 이제 Z기업 포지션 의뢰드리려고요. 제가 이전 기업에서 의뢰드리던 포지션과 비슷한데 여기는 좀 더 시니어 경력자를 찾고 있어요."

"매니저님, Z기업이세요? 와~ 입사하심을 축하드립니다! 조만간 찾아뵐게요! 지금 의뢰 주신 포지션들도 이전처럼 좋은 후보자 물심양면으로 추천드리겠습니다. 이번 주나 다음 주 언제쯤 편하세요?"

이 과정이 너무 먼 미래같이 느껴질 수도 있겠지만, 실제로 나에게는 헤드헌터를 시작한 지 1년도 안 되어 양쪽에서 좋은 케이스로 이뤄졌다. 후보자단에서도 기업에서도 소개가 이뤄져, 실제로 진행한 후보자들에게 새로운 후보자를 소개받아 합격시키기도 하였고 신규 고객사를 별다른 영업활동 없이 개척하는 케이스가 지속적으로 이어지고 있다.

● 나의 피플케어코리아와 동료 헤드헌터들

새로운 분야의 신규 포지션을 맡을 시에, 새로운 후보자 풀을 서칭하여 추천할 때, 그리고 중간중간 다양한 케이스에 대하여 궁금한 사항이나 유연한 대처 시 조언이 필요한 경우가 종종 있다. 이럴 때는 몸담고 있는 피플케어코리아에서 베테랑 헤드헌터이신 신중진 대표님에게, 그리고 동료 헤드헌터들에게 자문을 구하여 도움을 받는 게 실질적으로도 심리적으로도 많은 위안과 든든함을 준다.

피플케어코리아는 양질의 헤드헌터분들로 구성되어 있어 헤드헌터 사이에서 말하는 억대 연봉의 헤드헌터분들이 타 헤드헌터사에 비해 3~4배 이상 높은 비중을 차지하고 있고, 피플케어와 오랜 역사를 함께한 정말 높은 연봉의 베테랑 헤드헌터분들을 비롯하여 대기업, 글로벌 기업에서 영업, 마케팅, 경영기획, 재무회계, 인사 등 각 분야의 중역 출신들이 포진하고 있어, 해당 산업군이나 직무 분야의 전문적인 조언과 후보자 추천 코웍을 진행할 수 있다는 장점이 크다. 동료 헤드헌터분들의 조언을 구하고 나도 도움을 줄 수 있는 부분은 기꺼이 드리면서 동지로서 좋은 영향력을 서로 나누는 점은, 자칫하면 스스로 부여잡지 않으면 느슨해질 수 있는 헤드헌팅 생활을 이어갈 수 있는 활력소이다.

● 마지막으로 규칙적인 헤드헌팅 업무 루틴 지키기

헤드헌터라는 직업을 내 인생의 커리어로 노년까지 끌고 갈 이정표로 정한 이상, 기업과 후보자에게 항상 일관되고 꾸준하게 나만의 방식을 머금은 컨설팅을 제공했다는 점이, 아직 경험이 얼마 안 된 '나'라는 헤드헌터가 그래도 빠르게 자리 잡고 인정받을 수 있게 했다고 믿는다. 앞으로도 여기에 더 많은 경험과 노하우를 덧붙여가며 지속적으로 채용 성사를 보여주는 베테랑 헤드헌팅 컨설턴트로서 커리어를 이끌고 가려고 한다.

  여기에 또 한 가지 기본적으로 지키는 나만의 방식은, 규칙적이고 꾸준한 헤드헌팅 데일리 업무 루틴을 지키는 것이다. 나 스스로 기업 고객사 근무시간에 맞춰 근무하며, 기업과 후보자들의 연락에는 곧바로 대응하고 혹시라도 바로 대응 못할 시에는 꼭 바른 응대와 답변으로 마무리한다. 헤드헌터 생활은 일반 직장인들보다는 유연하게 자기 시간을 쓸 수 있는 장점도 있지만 자칫하면 느슨해지기 쉬워, 묵묵히, 스스로 긴장감을 가지고 꾸준히 일해야지만 좋은 성과도 지속해서 나올 수 있다. 그렇기 때문에 스스로 업무 진행 루틴과 멘탈을 부여잡고 가야 한다.

  첫 헤드헌터 생활을 시작했을 때 한 달 반 만에 석세스 케이스를 시작으로 매달 합격자가 나왔지만, 건강상의 문제 때문에 두 달 정도 쉬고 다시 헤드헌터 업무로 복귀했을 때 장장 7개월 가량 합격자가 전무했던 경험이 있다. 꾸준히 일하지 않으면 채용 성사도 없는 것을 뼈저리게 경험한 후로 다시 피플케어에서 헤드헌터를 시작했을 때, 규칙적인 업무 생활을 준수하고 있고, 이젠 그렇게 하지 않으면 살짝 불안하기까지 하다.

  나는 같은 시간에 꾸준히 열심히 일했지만 채용을 진행하다 보면 여러 뜻하지 않은 상황에 의해서 추천과정에서 중간중간에 정말 다양한 케이스가ㅡ포지션이 기업 사정으로 채용 없이 갑자기 클로징된다든가, 면접 보기로 한 후보자가 잠수를 탄다든가, 팬데믹 시기에는 면접관 또는 후보자가 갑자기 코로나에 걸려 면접을 연기하거나 취소하는 경우는 정말 많았고 등등—생기기도 하고, 최종 합격 후 입사를 안 하는 불의의 경우 등, 일은 계속하고 있어도 수입으로 이어지지 않는 경우가 종종 생기게 된다.

이럴 때 일할 동기부여가 확 떨어지는 건 어쩔 수 없긴 하다. 힘들어도 속상해 하는 건 하루만으로 빠르게 풀어버리고, 그래도 힘들면 동료 헤드헌터와 살풀이(?) 시간을 가지며 그날 다 풀어버리자.

"이사님, 저, 그 합격자가 안 가기로 했어요. 그렇게나 공을 들였는데……. 어쩜 마지막에 이렇게 되다니……."

"우리 나가요! 저도 이번 면접 건 성사 안 돼서 깝깝하던 참이에요. 날씨도 좋은데 같이 맛난 거 먹으면서 풀어버려요~"

그리고 다음 날엔 다시 다른 새로운 채용을 시작하자. 이래야 멘탈도 건강하게 유지하고 실제 새로운 채용 성사로 계속 이어갈 수 있다.

일한 만큼 버는 헤드헌터는 포지션 직급, 연봉에 따라 한 번에 들어오는 수입이 크지만 큰 수입을 갖고 갈 수 있는 채용 건에만 연연하지 않는 게, 내가 봐온 베테랑 헤드헌터분들의 원칙이자 나에게도 적용하는 원칙이다. 좋은 채용 성사를 꾸준히 하는 헤드헌터분들은 금액이 아닌 꾸준한 채용 성공 건수를 중요하다고 강조하고, 무조건 동의한다. 그렇게 꾸준히 채용을 성사하다 보면 연봉 높은 성공도 자연히 따라오게 된다. 아직 경력이 길지 않은 저연봉 케이스의 후보자들, 합격자들도 계속 성장하여 팀장, 부서장, 중역이 되고 내가 진행하는 채용 케이스도 이 후보자 풀을 갖고 계속 성장할 것이다. 확실히, 피플케어코리아에서 진행했던 채용 성공 케이스도 대리급부터 시작하여 1년 후에는 그 연봉

두 배 이상의 매니저 포지션들을 많이 진행하며 채용 성공까지 잘 이루게 되었다. 지금도 적은 연봉의 포지션들이 나에게 주어졌음을 여전히 감사하며 기쁘게 진행 중이다.

  업무를 하면 할수록 기업과 후보자에게 잘 맞는 컨설팅을 제공하는 것이 나의 성향과 일의 성과로서 보람을 찾는 것이 정말 잘 맞는다는 것을 깨달아가며 일하고 있다. 앞으로 5년 후, 10년 후에도 지금 갖춰 놓은 원칙과 더 숙련된 노하우를 쌓아가는 베테랑 헤드헌터로서 좋은 채용을 성사하는, 그리고 역으로 기업과 후보자에게 좋은 인재와 포지션을 컨설팅하는 컨설턴트로서 행복하게 일하고 싶다.

9 to 6

이정량

　간략히 필자를 소개하자면, 대학교 졸업 이전에 국내 대기업인 W그룹 공채에 지원 후 1989년 1월 1일자로 합격통보를 받고 B 소비재 브랜드에 입사를 거쳐 외국계 J그룹 계열사로 전보 발령 이후 32년간 단일 회사에서만 재직하였다. 2021년 12월에 퇴직하기까지 일부 몇몇 서치펌에서 포지션 제안 및 스카우트 제안 등을 받아와서 서치펌 및 헤드헌터라는 명칭은 다소 익숙하지만, 내가 현재 이런 특정 서치펌 소속(㈜피플케어 코리아)에서 헤드헌터라는 직종을 직접 하게 되는 것은 사실 퇴직 이후 계획에는 없는 상황이었다.

　하지만, 외국계 회사에서 32년간 근무하는 동안 영업, Regional Controller, Global Project Team Leader(호주에서 2년간 근무) 및 귀국 후 Project Go-Live, 지역 본부장, 회사 분사 담당 팀장, 기획, 총무 및 전사 IT 관련 Project Team 총괄을 진행하면서, 전사의 모든 Process를 익힌 상태라서 Headhunting업무를 진행하는 데, 기존 재직회사의 경험들이, 현재의 헤드헌터 업무에 굉장히 많은 기회를 주고 최적의 후보자 서칭에 High-level의 Insight를 가지게 된 점은 너무나 감사하고 축복받은 느낌이다. 그러면 서치펌(Search Firm)및 헤드헌터(Headhunter)라는 직무는 무슨 일을 하는 것인가에 대해 간략히 서술하고자 한다.

  헤드헌팅이란 기업의 최고 경영자, 임원, 엔지니어 등 고급 전문인력의 재취업이나 스카우트를 중개해 주는 일이다. 이러한 고급 전문인력을 필요로 하는 기업에 적합한 후보자를 추천하는 회사를 '서치펌(Search Firm)'이라 하고, 기업으로부터 포지션 의뢰를 받아 그에 적합한 후보자를 발굴, 선별, 평가하여 추천하는 일종의 컨설턴트를 '헤드헌터(Headhunter)'라고 한다.

  그러면, 필자의 현재의 헤드헌터 활동에 대해 아래와 같은 주제로 서술하고자 한다.

    1. 헤드헌터 입문과정
      1) 목표 및 과정
      2) 캐치프레이즈
      3) 헤드헌팅 Key Processes

    2. 성공 노하우
      1) 고객사와 주기적인 대면 미팅
      2) 후보자 관리
      3) 연봉 협상
      4) 9 to 6 통한 자기관리

5) 충성 및 부실 고객사

   3. Key Learnings
   1) 고객사 관리
   2) 인재 서칭 및 채용공고
   3) 인재 추천 및 후보자 관리
   4) 면접 및 연봉 협상 컨설팅
   5) 자기관리

그럼, 각 주제별 사례에 대해 서술하겠다.

● **헤드헌터 입문과정**

1) **목표 및 과정**
 2022년 6월 8일부터 약 한 달간 매주 1회씩 ㈜피플케어 코리아의 신중진 회장님으로부터 헤드헌터에 대한 제반 교육을 받으면서, 교재 내용 중에 매우 호기심을 불러 일으키는 문구가 있어서 다시 가져와 보았다.
 '매년 억대 연봉의 헤드헌터가 되고 싶은가?'
 억대 연봉의 헤드헌터가 되기 위해서는 필수적으로, 다음과 같은 매우 기본적인 목표와 각오를 설정한 후 헤드헌팅 업무를 시작해야 한다는 것이다. 즉, 다음에 서술될 9단계의 헤드헌팅 프로세스를 반드시 실행한 후, 아래와 같이 매년 자신(나의 경우)의 개인 목표를 설정하여 실행에 옮겨야 하는 것이다.

- 충성 고객사(채용기업) 10개 확보
- 매주 고객사에 후보자 추천 10명 이상
- 매주 고객사에 의한 후보자 면접 3명 이상

사실, 필자는 지금도 상기 세 가지 목표를 작성한 후, 업무 공간 내 바로 정면 벽에 부착 후 매일 이 문구를 읽으면서, 이를 실행하기 위해 온갖 노력을 하고 있다. 그래서일까, 2022년 6월 입사 이후 이러한 목표 달성을 위해 매일 많은 시간을 할애해서 실천한 결과, 입사 1년 반이 경과한 올해 2024년 1분기에는 점차 이 세 가지 목표가 실제로 실현되고 있음을 분명히 경험하고 있다.

2) 캐치프레이즈

'반드시 억대 연봉 헤드헌터가 되어서, 개인 생활은 물론, 확고한 헤드헌팅 업무를 정착시킨 후 한 단계 퀀텀 점프한 2024년을 마무리하고 싶다.'

상기 1)항에서 설정한 목표와 각오를 바탕으로, 필자의 헤드헌터 활동 캐치프레이즈는 'Input이 없는 성과 창출은 없다!'이다. 이 캐치프레이즈 아래 매일 9 to 6(09:00 ~ 18:00)를 반드시 실행할 것이다.

3) 헤드헌팅 Key Processes

주요 프로세스는 크게 마케팅 → 서칭 → 마무리 단계로 요약되지만, 이에 대한 세부적인 절차는 아래와 같다

① 마케팅
② 구인요청 내역에 대한 이해
③ 서칭(Searching) 계획
④ 후보자 서칭을 어디서 할 것인가?
⑤ 후보자 서칭
⑥ 후보자 면접 및 추천
⑦ 기업 고객 면접
⑧ 입사 확정
⑨ 사후관리(후보자)

● 성공 노하우

1) 고객사와 주기적인 대면 미팅

현재 진행 고객사 중 V사는 필자의 충성고객사 가운데 하나인데, 23년 2명, 24년 현재 2명을 성사한 고객사로서, 기존 계약 서치펌 회사들 중 유일하게 새로운 포지션이 오픈될 때마다, 필자에게만 연락을 해주는 곳이다. 해당 포지션에 대해서 현업의 팀장 및 임원분들이 오픈 사

유, 적합한 후보자 대상 등을 설명해 주는 미팅을 주기적으로 진행하고 있다.

채용사의 인사팀은, 물론 채용부서의 담당자와 미팅을 직접 한 결과, 후보자 서칭 시 손쉽게 해당 후보자를 서칭할 수 있다는 장점도 있어, 필자에게는 매우 고마운 고객사이다.

2023년 초에는 임원급 한 명을 성사한 이후 인사팀 채용담당자의 전화가 와서, "저희 대표님께서 매우 훌륭한 후보자를 추천해주신 이정량 전무님에게 감사하다는 말을 꼭 전하라고 하셨다" 면서 인사실장과 채용담당자가 맛있는 회초밥 점심을 사주기도 했다.

고객사를 방문하고 주기적인 미팅을 하는 목적은 해당 채용사의 내부 환경 및 분위기 파악을 할 수도 있고, 단순한 포지션 JD를 받아서 진행하는 것보다는, 해당 포지션에 대한 오픈 History 및 사유를 듣게 되면 적합한 후보자를 찾는 데 많은 도움이 되고 있기 때문이다. 지금도 고객사가 연락이 되건 아니건 종종 고객사를 방문해서 채용담당자와 유기적인 Network를 형성하고 있다.

2) 후보자 관리
    ◆ 입사 후 후보자 관리

보통 한 명의 후보자가 해당 채용사에 최종 합격하기까지는 최소 3개월에서 최대 4개월 정도가 소요된다. 즉, 포지션 의뢰 후 서칭, 채용공고 등록 후 지원자 이력서 검토, 포지션 제안 후 수락자별 이력서 양식 전달, 이력서 수령, 이력서에 대한 후보자와 Pre-Interview, 해당 채용사에 최적의 적임자 인재 추천, 그리고 오랜 대기, 서류 통과 후보자별 1~3차까지 면접 안내 및 중간 의사소통, 최종적으로 Job Offer Letter에 의한 채용사와 후보자의 최종 동의 이후, 출근 일자 조율 후 입사일까지는 많은 시간과 노력이 필요하다.

그 다음에도 후보자가 해당 채용사에 출근한 후 첫날 입사 합격 축하 전화는 물론, 계약서에 명기된 보증 기간(90일~180일) 동안 정기적으로 후보자와 연락하면서 채용사에 입사 후 근무 조건 및 환경에 대해 많은 대화를 통해 후보자 관리를 진행하고 있다.

◆ 인재 추천 이후 서류전형 탈락한 후보자 관리

모든 후보자들은 헤드헌터로부터 포지션 및 이직 제안을 받고 본인의 이력서를 전달한 후 전형 결과에 대해 매우 궁금해한다. 하지만 대부분의 헤드헌터들은 후보자로부터 이력서 수령 후, 본인의 자체 판단 하에 해당 포지션에는 적합하지 않다고 생각하여 아예 해당 채용사에 인재 추천도 하지 않은 채로 이력서만 보관하고 있거나, 추천을 했다 할지라도 서류전형 결과에 대해 해당 후보자에게 Feedback를 주지 않고 있다.

후보자가 많은 시간을 할애한 이력서를 헤드헌터에게 전달했는데, 해당 헤드헌터가 인재 추천도 안 하고 서류전형 결과에 대해 Feedback를 주지 않는다면, 그 후보자는 얼마나 기분이 상할지, 모든 헤드헌터들은 이 점을 고려해야 한다고 생각한다.

그래서, 필자는 이력서 수취 후 해당 채용사에 인재 추천 이후 채용사에서 보내온 전형 결과를 바탕으로 모든 후보자에게 전형 결과를 문자 또는 카톡으로 Feedback을 보내주고 있다.

아래 내용은 후보자에게 전달한 카톡 내용 및 회신 결과이다.

"안녕하세요, 실장님! (주)피플케어 헤드헌터 이정량입니다. (주)V사 - TECH Lead 포지션에 3/5일 인재 추천 결과, 오늘 회신이 왔습니다. 채용사 내부에서 임원진들이 이력서 검토를 했지만, 채용사가 원하는 포지션 JD와는 FIT이 어렵다고 합니다. 즐거운 소식 전해드리지 못해서 죄송합니다."

후보자 회신. "네, 알겠습니다. 회신 고맙습니다."

3) 연봉 협상

이직을 하려는 대부분의 후보자는 현재 직장에서의 연봉 대비 최소 10% 이상의 연봉 인상을 위해 이직 결정을 한다. 하지만 해당 채용사도 각 후보자의 경력 및 현재 또는 직전 연봉에 대한 제반 증빙서류 수취 후 해당 채용사의 사내 연봉 Table에 의거, 최종 합격자에 한해 연봉을 조정 후, Final Job Offer Letter를 작성하여 후보자 또는 해당 헤드헌터에게 전달해 동의 여부를 묻는다.

다행히 해당 후보자가 최종 합격 후 채용하려는 회사에서, 연봉에 대해 Offer하는 금액이 현재 연봉보다 10% 이상 상향된다면 문제가 없겠지만, 대부분은 현재 대비 동등 수준 또는 10% 미만으로 Offer하는 케이스가 많다. 이럴 경우 후보자가 입사를 꺼리는 경우가 있어서, 이 상황에서는 해당 헤드헌터가 후보자는 물론 채용사도 만족할 수 있는

Data 기반 자료를 작성하여 양쪽에 제안해서 최종적으로 입사를 결정하는 경우도 있다.

　최근에, 현재 연봉 대비 약 6%밖에 인상이 안 된 Offer Letter를 받은 후보자가 있어서, 필자가 숫자로 정확한 연봉계산을 한 후 양쪽에 제시해서, 궁극적으로 후보자 및 채용사의 상호 동의가 이루어져서 입사를 결정하는 경우도 있었다. 이런 경우 사실 헤드헌터가 어려운 상황에 직면하게 되지만, 양쪽의 Win-Win을 위해 Data 기반 처우 협상에 관여해야 하는 경우도 있다. 왜냐하면, 나로서는 그 후보자를 꼭 그 채용사에 입사시키겠다는 의지가 있기 때문이다. 후보자에게 기본급에 대한 정확한 세부 내역을 인지시키면서, 현재보다 향후 본인의 경력개발 위주의 설득이 필요한 것이다.

4) 9 to 6 통한 자기관리

　헤드헌터라는 직업이 자기 사업처럼 일한 만큼 버는 일이기에 자유로운 근무제도로 운영되고 있다. 즉, 특정 회사 사무실에서 타인들과 대면하며 근무하는 체계가 아니다. 그런데 본인 혼자 집에서 스스로 헤드헌팅 업무를 진행해야 하는 경우는 본인이 자기관리가 안 되면 매너리즘에 빠지거나, 성사가 이루어지지 않을 경우 매우 나태해지거나 본인의 업무에 대해 회의감을 가질 수 있다. 그래서 나는 헤드헌터 업무를 시작한 이후, 매일 기존에 회사에 출근하는 것처럼, Daily Routine을 지키며 집에서 업무를 진행한다. 즉,

- 06:00 ~ 08:00 아침 운동
- 08:00 ~ 09:00 아침식사 및 휴식
- 09:00 ~ 18:00 업무 방에서 헤드헌팅 업무 (점심시간 12:00~13:00)
- 업무 기간 : 매주 월 ~ 금요일
- 토~일 : 종교행사 및 외부 지인 만남, 운동

5) 충성 및 부실 고객사

◆ 충성 고객사란 어떤 회사인가?

내가 헤드헌터 업무 시작한 이후 현재 2024년 3월까지, 우리 서치펌 회사에서 부여받은 고객사와 자체 개발한 고객사 포함 17개사 중 약 6개만 충성고객사라고 정의하고 싶다. 그 사유는 (1) 지속적인 입사 성공이 이루어지고, (2) 정기적으로 고객사가 신규 포지션을 제공해주며, (3) 인재 추천 이후 서류전형/면접 결과에 따른 신속한 회신, (4) 채용담당자와 유기적인 Communication, (5) 헤드헌터에게 노력한 만큼 보상이 이루어지기에 제일 중요한 성공 수수료 계약에 대한 양호한 계약체결, 입사 후 주로 10일 이내에 수수료를 입금해 주는 고객사라고 자체적으로 정의하고 싶다.

◆ 반면에 부실 및 불량 고객사는 어떤 부류인가?

부실 및 불량 고객사는, (1) 각 포지션별 아무리 우수한 인재를 추천해도 Feedback이 너무 느린 점, (2) 채용담당자와 연락이 어려운 점, (3) 인재 추천 이후에도 수수료 관련 계약체결을 계속 지연시키는 점,

(4) 일정 기간 이후에 아무런 사유도 없이 해당 포지션을 Close해 버리는 점, (5) 채용담당자가 전문 인사팀이 아닌 경영 지원팀이어서 상호 간 Communication이 매우 어려운 점, (6) 거래조건(수수료율 및 결제조건)이 매우 불리한 조건인 점······. 이런 형태의 고객사들에 대해서는 굳이 시간 낭비를 하면서까지, 해당 포지션에 대한 열정을 쏟을 필요는 없다. 이 점을 모든 헤드헌터분들과 공유하고 싶다. 한 명의 후보자를 입사 성공시키는 데는 헤드헌터와 후보자와 고객사 사이에 매우 적극적이고 긍정적인 우호감과 상호 교감이 있어야만 상호 Win-Win이 가능한 것이다.

● Key Learnings

1) 고객사 관리
    - 인재 추천 이후 신속한 Feedback을 위한 인사 채용담당자와 유기적인 Communication
    - 정규적인 고객사 방문을 통한 당사 서치펌에 대한 신뢰도 증대 및 네트워크 형성
    - 포지션 의뢰 수령 이후 신속하게 최적의 후보자 추천
    - 포지션 Close 전까지 장기적인 인재 추천 유지

2) 인재 서칭 및 채용공고
- 채용사의 포지션에 적합한 최적의 인재 서칭, 특히 필수자격요건 및 우대사항에 중점
- 연령대 및 학력, 출신별 채용사의 선호 조건 충족
- 인재 서칭 시 기존 입사 후보자를 통한 지인 소개 요청
- 채용 공고 시 간단명료한 채용공고 제목 설정 (특히 채용사의 직접 채용 공고 참조 후)

3) 인재 추천 및 후보자 관리
◆ 인재 추천
- 각 후보자로부터 이력서 수령 후, 사전 Pre-Interview 통한 후보자 자질 검증 후 추천
- 채용사의 포지션 JD와 Align 된 이력서 편집 (특히 핵심역량 항목)
- 다수 추천 시 각 후보자별 채용사 비교의 편리를 위한 후보별 비교자료 작성 후 일괄 추천
- 인재 추천 이후 각 후보자별 고객사의 서류전형과 필 수령 후 후보자에게 Feedback

4) 면접 및 연봉 협상 컨설팅
- 서류전형 - 1차면접 - 2차면접 이후 최종 합격 시, 처우 협상할 때 후보자의 전년도 원천징수 영수증 및 최근 6개월 급여 명세서에 대한 증빙자료 입수 - 고객사와 후보자가 최대로 만족할 수 있도

록 고객사와 최종 조율 - Final Job Offer 작성에 기여 - 후보자의 만족도 점검 - 최종 합격 처리 유도
- 면접 참가 전, 해당 채용사의 인사담당자와 연락 - 면접 꿀Tip 확보 - 후보자와 공유(특히, 면접관, 회사정보, Q&A에 대한 컨설팅)
- 외국계 회사의 경우 영어 면접 대비 사전에 후보자와 영어로 Pre-Interview 실시

5) 자기관리
- 국내에 많은 서치펌의 헤드헌터별 근무형태가 각각 다르지만, 자유롭게 집에서 근무할 때도 헤드헌팅 업무의 지속성을 위해서는 기존 회사에 근무하는 것처럼 집에서 각자가 9 to 6 (09:00~18:00) 헤드헌팅 업무를 하길 강력히 권장하고 싶다. (특히 월~금요일까지)
- 9 to 6가 지켜지지 않으면, 각자가 나태해지거나 매너리즘에 빠질 수 있기 때문이다.
- 이러한 9 to 6 원칙을 위해서는 각자가 일별로 9 to 6 이전 및 이후에 매우 유익한 시간을 보내야만 한다. 즉 운동 및 사회적인 종교활동 및 지인 만남 등…….

아직 부족한 점이 많은 헤드헌터이지만, 필자의 상기 사례들을 참고로, 새로이 진입하는 헤드헌터분들께 조그마한 참고 사항이라도 도움이 되었으면 하는 바람으로 글을 마치고자 한다.

채용은 팀플레이다

Chole

　최근 들어 AI가 우리의 일상은 물론 산업 전반에 걸쳐 열풍을 일으키고 있다. 기업에서도 발 빠르게 AI를 접목한 직무의 변화를 시도하고 있고 거의 모든 직무에서 AI 기술이 적용되고 있다고 해도 과언이 아닐 정도이다. 미래의 트렌드를 예측하는 여러 기관의 보고서나 관련 데이터에서는 AI로 인해 가까운 미래에 많은 일자리가 없어질 것이라고 예상하지만, 실제로 기업의 인사담당자나 채용담당자와의 미팅을 진행하다 보면, 그럼에도 AI가 하지 못하는 영역이 바로 채용이라고 한다. 물론, 채용 업무의 일부분은 AI가 어느 정도 대체할 수 있으나 완전한 대체에는 상당한 무리가 있다고 보며, 오히려 AI가 발전할수록 인재 밀도 또한 높아지기에, 채용 업무 또한 고도화되고 있음을 몸소 느끼고 있다.

　한 고객사의 추천 성공 사례를 들어보겠다.

트렌디한 제품으로 뷰티 마켓에서 좋은 호응을 얻고 국내외에서 꾸준히 성장하고 있는 화장품 기업에서 브랜드 마케터를 채용하고 싶다는 의뢰를 받았다. 얼핏 Job title(직무명)만 들으면 상당히 수월하게 후보자를 찾을 수 있을 포지션 같지만, 화장품 기업에서의 브랜드 마케터 포지션은 서칭이 매우 어려운 포지션 중 하나이다. 그 이유는 기업마다 보유하고 있는 화장품 브랜드가 다양한 데다, 브랜드별로 가지고 있는 고유의 캐릭터가 있기에, 이와 유사한(혹은 경쟁이 되는) 기업에서의 경력자를 서칭하고 성사시키는 일은 매우 어려운 일이기 때문이다.

좋은 후보자를 기업에 추천하고, 입사하여 그 후보자가 뛰어난 성과를 내고 인정받기까지의 일련의 과정을 기술해 보고자 한다.

● 고객사와 고객사의 비즈니스에 대해 정확하게 파악하기

많은 고객사의 대부분은, 채용 포지션에 대해 서치펌(또는 컨설턴트)에 추천 의뢰를 할 때 기업의 자세한 정보를 잘 제공해 주지 않는 편이다. 이런 경우, 담당 컨설턴트는 기업의 업종, 주요 상품군, 해당 상품군의 마켓 상황(시장 점유율, 제품 인지도, 매출상황 등)을 자세하게 검색하여 일련의 정보를 자료로 정리하고, 이 중 추가로 필요한 정보에 대해서는 고객사의 인사담당자분께 관련 내용의 확인과 함께 추가 정보를 요청하여 자료의 보완을 게을리해서는 안된다. 특히 기업의 투자 관련 소식이나 상장 소식, 기술기업의 경우 특허, 인증상황 등 후보자에게 매력적으로 어필할 수 있는 요소에 대해서는 좀 더 자세하고 깊이 있는 정보 수집이 필요하다.

● 채용 직무에 대한 자세한 정보 조사 및 고객사가 원하는 후보자 파악하기

고객사가 의뢰한 포지션(채용 직무)이 익숙한 직무이거나 쉽게 파악되는 직무인 경우도 있겠으나, 기업의 규모가 크거나 기업 내 유사한 직무가 많은 경우, 명확하게 어떠한 직무에 대해 채용을 원하는지 우선적으로 파악이 필요하다.

예를 들면, '브랜드 담당자'를 채용하고 싶다는 의뢰를 받았을 경우, 브랜드 담당자의 명확한 업무 범위 파악이 필요하다. 고객사에서 출시한 제품의 브랜드에 대해 생산부터 출고까지 일련의 과정을 담당하는 '브랜드 매니저'인지, 브랜드에 대해 마케팅 차원에서 홍보하고 매출로 연결되도록 마케팅 전략이나 캠페인, SNS(소셜미디어 네트워크 서비스) 홍보 등을 담당하는 '브랜드 마케터'인지를 파악하는 것이 중요하다. 이 부분이 정확하게 파악되어야 이후의 후보자 서칭 등이 좀 더 정확하게 이루어질 수 있다. 물론, 기업에 따라서는 이 두 포지션을 구분하지 않고 혼용하는 경우도 있기 때문에, 담당자를 통해 채용 포지션에 대해 정확한 정보를 파악하는 것이 중요하다.

이렇게, 직무에 대해 명확한 기준이 설정되었다면, 그 다음엔 고객사에서 해당 채용 포지션에 대해 특별히 염두에 두고 있다거나 우대하는 사항이 있는지를 파악해야 한다. 예를 들면, 특정 기업의 출신이나 특정 기술을 보유한 후보자 등은 일반적으로 채용 포털의 채용 공고 내에 기재할 수도 없고 파악하기도 어렵기 때문에, 서치펌을 통해 해당 풀의 인재를 추천받고 싶은 의향이 매우 강하기 때문이다.

후보자 서칭 및 shortlist 추리기

이렇게, 직무에 대한 파악과 후보자에 대한 니즈 파악이 완료되었다면 이젠 본격적으로 후보자 서칭이 필요하다. JD에 적합한 후보자군을 1차적으로 서칭하고, 해당 후보자와의 연락을 통해 후보자들이 해당 포지션에 관심이 있는지 현재 이직이 가능한 상황인지 등, 대화를 통해 입체적으로 니즈를 파악할 필요가 있다. 이렇게 어느 정도 파악이 되면, 이 중에서 기업의 니즈에 좀 더 적합한 후보자를 추려내어 shortlist를 만들고, 좀 더 자세한 정보 제공 등을 통해 후보자가 해당 기업에 지원할 수 있도록 설득하는 과정이 필요하다. 물론, shortlist 범주에 포함되는 후보자에게 포지션을 제안하고 지원할 수 있도록 안내하는 과정은 설득만으로는 어려운 점이 존재한다. 그렇기에 후보자의 현재 상황을 파악하고, 이직에 있어서 어떠한 니즈를 가지고 있는지 파악하는 것이 무엇보다 중요하다고 할 수 있다. 대부분의 후보자는 직접적으로 자신의 상황과 니즈를 자세히 밝히지 않지만, 정말 이직을 원하는 후보자의 경우 해당 기업에 대해 담당 컨설턴트보다 훨씬 더 많은 정보를 알고 있고, 컨설턴트는 후보자와의 대화를 통해 이러한 부분을 파악할 수 있다면 설득과 지원 자체가 상당히 수월해질 수 있다.

● 고객사에 후보자 지원서 제출하기

후보자로부터 제공 받은 지원서는 때로는 많은 보정이 필요한 경우가 있다. 여기서의 보정은, 내용에 대한 보정이라기보다는, JD에 부합되도록 내용이 기술되었는지 누락된 사항이나 모호한 사항은 없는지 등이다. 컨설턴트는 후보자의 지원서를 기업의 인사담당자와 같은 입장에서 꼼꼼히 검토해 보고, 인사담당자 입장에서 궁금해할 만한 점에 대해 서류 보완 등을 통해 좀 더 완벽에 가까운 지원서를 고객사에 제출한다.

● 제출 서류 피드백 받기

고객사의 채용 담당자는 매우 바쁘다. 다양한 경로를 통해 접수되는 지원서를 해당 팀 또는 인사팀에서 검토하고 일일이 피드백을 전달하는 것은 시간적으로나 물리적으로 어려운 일 중 하나이다. 그렇지만 서류 제출 후 일정 시간이 경과하면 반드시 피드백을 받아 보는 것이 중요하다. 고객사에서 생각하고 있는 지원자와 컨설턴트가 제출한 지원서 간의 어떠한 차이가 있는지 등은 피드백을 통해 가늠할 수 있고, 이는 이후 추가적인 추천을 위해서라도 중요한 사항이다. 물론, 간혹 다수의 지원서가 동시다발적으로 접수되는 경우나 이메일 오류 등으로 인해 지원서가 제대로 제출되지 못하는 경우가 있으므로, 지원서 제출 후에는 반드시 채용담당자께 문자나 전화로 접수 상황을 사전에 확인하는 것도 필요하다.

● 후보자 면접 안내 및 면접 준비

후보자의 지원서가 서류 전형에 합격했다면 이제 면접을 준비해야 한다. 1차적으로는 후보자가 기업에 대해 파악하면서 면접을 준비하겠으나, 때로는 컨설턴트가 준비를 함께 진행해 주는 것도 좋다. 약식으로라도 면접 롤플레잉을 통해 질문이 예상되는 답변을 함께 준비해 본다거나, 면접 시 은연 중에 보이는 후보자의 답변 습관 등을 객관적으로 파악하고, 개선할 수 있도록 피드백을 주는 것이 이후에 면접장에서 덜 긴장할 수 있는 방법 중 하나다.

몇 년 전, 면접과 관련해서 예상치 못한 일을 겪은 경험이 있다. 지원서 제출 후 면접을 앞두고 있던 한 후보자가 지원을 철회하겠다는 연락을 해왔다. 이유를 확인하기 위해 전화했지만 연결이 되지 않았고, 문자로만 철회 의사를 반복했다. 나름 가장 가능성이 큰 후보자라고 판단

되었기에, 반드시 이유를 확인하는 것이 중요하다 생각했고, 고객사에도 이유를 설명할 수 있어야 했기에 참으로 난감한 상황이었다.

후보자분께 예의를 갖춰 이메일과 문자로 연락을 취했다. 어떠한 오해가 있으셨던 것인지, 철회하시고 싶은 상황이 발생한 것인지 등 간략히 여쭈었고, 편한 일정에 전화 통화하고 싶다고 하니, 면접을 바로 하루 앞둔 날 전화 연락이 왔다. 이유를 들어 보니, 기업 평판 사이트에서 해당 고객사의 평판을 보았고, 무척 낮은 평점과 코멘트를 보니 면접 의사가 없어졌다는 점이 요지였다.

그 어느 때보다 명확한 해명이 필요했다. 물론, 고객사는 최근 몇 년간 주요 경영진이 교체되면서 조직 개편이 반복적으로 이루어져 왔었다. 이 점이 재직 직원들에게는 긍정적인 변화로 생각되기보다는 부정적으로 부각되었고, 평판 사이트에는 매우 빠른 속도로 부정적 평가가 가득 찼다. 후보자에게 정확하게 팩트 중심으로 설명드리고, 우려되는 점에 대해 오히려 면접 시에 조심스레 여쭙는 것도 괜찮을 것 같다고 말씀드리니, 그럼 면접은 참여하겠다는 답변을 들을 수 있었다. 일단 어려운 일 하나는 넘긴 셈이었다. 후보자의 면접 불참은 고객사에 미안한 수준을 넘어 컨설턴트와 서치펌의 신뢰에도 큰 문제가 될 수 있기에 무척 곤란한 일이 아닐 수 없었다.

이어, 발빠르게 고객사 인사담당자분께 해당 내용을 간략히 설명드렸고, 후보자가 불안해하는 점, 궁금해하는 점을 잘 설명해 주시길 부탁드렸다. 고객사 또한 해당 후보자를 가장 유력한 후보자로 생각하고 있었기에 면접을 더 기대하는 상황이었다. 인사담당자는 당연히 잘 설명

드리겠다고 흔쾌히 말씀하시고, 면접일에 해당 후보자가 불안해하는 요소 중심으로 현재의 상황을 잘 설명드리는 시간을 별도로 진행하겠다는 다짐을 받았다.

결과는 합격이었다. 고객사 인사담당자와 면접 위원은 후보자가 지원서에 기재한 것 이상의 숨은 역량을 면접 자리에서 확인할 수 있었고, 후보자 또한 기업의 평판에 대해 일부는 지나친 기우였음을 확인할 수 있었다는 양측의 얘기를 들을 수 있었다.

성사 여부를 떠나, 오해와 기우로 끝날 수 있었던 상황을 좋은 결과로 맺을 수 있었다는 점이 더 뿌듯했고, 이 후보자는 입사 후 빠르게 업무에 적응하여 현재는 고객사의 핵심 멤버로 근무하고 있다.

● 면접 피드백 전달

면접 후 좋은 소식을 전할 수 있다면 더없이 좋은 상황이지만, 불합격 상황에 대해서도 후보자에게 반드시 전달해야 한다. 그 이유는 면접 이후 결과를 기다리고 있을 것이고, 혹여 불합격인 경우 어떠한 점을 보완해야 할지 후보자에게 전달하는 것은 이후에라도 후보자가 면접을 준비하는 데 도움이 되기 때문이다. 물론, 불합격 사유에 대해 고객사로부터 전달받지 못할 수 있다.(실제로 많은 기업들이 이 부분이 혹여나 오해가 될 수 있을까 우려하여 피드백을 잘 전달하지 않는 경우도 있다.) 그런 경우에는 후보자가 오해하지 않도록 상황을 잘 전달하는 것이 필요하다.

● 평판 조회와 처우 협의

평판 조회(일명 '레퍼런스 체크')는 경력직을 채용하는 경우 거의 모든 기업에서 진행하는 프로세스 중 하나이다. 지원서와 면접을 통해 후보자가 고객사와 Culture fit이 맞는지, 후보자의 경력 사항이 채용하고자 하는 업무와 관련성이 높은지, 그리고 후보자가 과거 재직했던 기업에서 어떠한 트러블이나 이슈가 있었는지 등을 파악하는 것은 기업 입장에서 매우 중요한 부분 중 하나이다. 최근에는 기업에서 평판 조회만을 전문적으로 하는 기업에 의뢰하는 경우도 있기는 하나, 그보다는 후보자에게 동의를 얻고 후보자가 지정하는 2-3인의 연락처를 받아 진행하고, 그 외에 후보자가 지정하지 않은 1-2인 정도로부터도 평판 조회를 진행한다. 평판 조회를 진행하는 인원은 포지션과 직급에 따라 기업에서 자율적으로 정하는 경우가 많다. 평판 조회 진행 후 불합격되는 사례도 있으나, 대부분은 그 이후에 바로 진행되는 처우 협의 과정에서도 일이 매끄럽게 진행되지 않는 사례도 있다. 기업 내부적으로 Pay band를 운영하는 경우, 후보자가 원하는 처우를 맞추지 못하는 사례가 있기에, 이런 경우 위에서 언급했던 '기업의 니즈 파악' 시에 연봉선에 대해서도 어느 정도 기업의 가이드 라인을 확인하는 것이 필요하다고 할 수 있다.

처우 협의 시에는 계약 연봉, 연봉 외 현금성 복지(복지포인트, 식대, 통신비 등), 회사 복지 사항, 인센티브 등을 자세히 분리하여 제시하는 것이 좋다.

무엇보다 신뢰

> 하철호

　입사 3개월의 일이다. 고객사로부터 첫 합격자가 입사한 지 한 달여 만에 퇴사한다는 소식을 들었다. 엎친 데 덮친 격으로 얼마 되지 않아 두 번째 입사자도 그만두겠다고 직접 전화를 해왔다. 정말 하늘이 무너지는 느낌이었다.

　사실 이 업계에서 살아남기 위해서는 주변에 많은 인맥이 있거나 뛰어난 영업 능력이 어느 정도 필수인데, 아무리 시간과 양으로 승부를 본다고 한들 많은 우량 고객사를 확보하기에는 한계가 있었다. 네임밸류가 있고 규모와 탄탄한 재무조건을 가진 회사는 이미 대부분 선점된 상태라 지속적인 콜드 메일과 전화에 문을 열어줄 회사는 그나마 갓 생겨난 스타트업이나 채용에 문제가 있는 회사(오너리스크로 구설수에 오른 회사, 대기업도 구하기 어렵다는 개발자 위주로 채용을 하는 회사, 지방이나 해외에 있으면서 우수 인재를 원하는 회사) 등 말만으로도 만만하지 않다고 느껴지는 고객사 위주로 채워졌다.

그러다 보니 애초에 가려는 후보자도 별로 없고 막상 입사한 후보자는 3달을 못 버티고 그만두기 십상이었다. 그렇다고 이미 시작한 일을 되돌릴 수도 없고 내가 수립한 2년 전략 실행 초기 단계인지라 낙담할 겨를도 없이 다시 앞만 보고 달려갈 수밖에 없었다. 그만둔 후보자의 대체 인원을 서둘러 다시 추천하고, 그 와중에 추가로 나온 포지션도 추천하며 고객사의 신뢰를 잃지 않는 데만 집중하고 일했다. 그러는 중간중간 채용을 힘들어하는 고객사 인사담당자의 푸념을 들어주기도 하고 SNS상에 퍼져있는 고객사의 평판을 조사해서 알려주며 고객사 이미지 업그레이드에도 같이 노력했다.

회사 차원의 홍보와는 별도로 개인 홍보의 필요성도 절실히 느끼던 참에 어느 잡사이트에서 헤드헌터를 인터뷰해서 컨텐츠화 함과 동시에 해당 컨텐츠를 홍보자료로 활용할 수 있게끔 해 준다는 정보를 보고 적극 문의하고 인터뷰를 진행하여 온라인상에 이름 석 자를 알릴 수 있는 계기를 만들었다.

다음은 그 잡사이트에서 컨텐츠화한 인터뷰 내용인데 일부만 참고로 적어 본다.

Q1. 현재 어떤 업종이나 직무를 주력으로 하시는지 궁금합니다.
A1. 특별히 어느 한 업종만을 타겟으로 삼아야겠다고 생각하는 헤드헌터는 별로 없다고 생각합니다. 일하다 보면 자연스럽게 업종별로 공부가 되어 많은 프로젝트를 진행해 본 업종이 주력업종으로 되기도 하는 것 같습니다. 그래도 제조회사에서 오랜 근무 경험이 있다 보니 자동차, 전기

전자, 바이오, 화장품 등 소비재 관련 분야와 조선, 산업기계, 석유화학 등 B2B 제조 업체에 보다 더 전문적인 이해도를 가지고 접근할 수가 있어, 프로젝트의 해결 능력이 뛰어나다고 생각합니다.

Q2. 헤드헌터를 하시기 전 현업에서도 많은 경험을 쌓으신 줄로 압니다. 그때 하셨던 실무가 현재 헤드헌터 업무를 하는 데 도움이 되고 있다고 느끼시나요?

A2. 일을 시작하기 전에 주로 전략기획, 경영기획 등의 부서에서 근무했는데 당시 인사팀은 아니었지만, 각종 굵직굵직한 조직 개편과 R&R 정립, 업무 효율화 등의 프로젝트를 여러 번 수행하였습니다. 이런 경험이 지금 이 일을 하는 데 상당한 도움이 됩니다. 그리고 수시로 여러 부서의 애로사항을 경청하고 같이 고민하고 해결하려는 노력을 하다 보니 각 부서의 직무를 속속들이 파악할 수가 있어서, 이 일을 하는 데 상당한 도움이 되었다고 생각됩니다.

Q3. 가장 인상적이었던 석세스 경험은 무엇인가요?
(혹은 가장 성취감이 높았던 채용 경험은?)

A3. 전자 부품사 엔지니어 프로젝트를 진행한 적이 있는데, 그때 지원한 후보자의 경우 단순히 이력서만 받아 보았을 때 특별히 뛰어난 점도 없고, 고객사의 요구조건을 충족시키기에는 부족한 면이 많아 보여, 추천을 주저할 즈음 때마침 그분으로부터 걸려 온 전화를 받고 생각을 바꾸게 되었습니다. 그 후보자는 본인의 직무에 있어서는 상당한 내공을 가지고 있었으나 부족한 글재주로 인하여 보유한 역량과 자질을 이력서에 충분히 녹아들게 하지 못하는 단점이 있었습니다. 이에, 그분의 단점을 해결하기 위해 충분한 대화와 적절한 가이드를 통해 강점 발굴과 경력 기술을 유도하였고 그리하여 서류전형과 면접에 합격하셨는데, 그대로 두었으면 탈락하셨을 분을 합격의 길로 안내할 수 있어서 아주 기억에 남는

경험이었습니다.

Q4. 최선을 다하셨지만 아쉽게 실패하셨던 경험 중에 인상 깊었던 경험이 있으시면 말씀해주세요.

A4. 화장품 제조사 전략기획 포지션에 지원하신 후보자가 있었는데 보유한 역량, 자질이 고객사가 원하는 조건과 부합하는 측면이 많아 서류전형, 면접을 쉽게 통과하여 합격하게 되었습니다. 그런데 퇴사를 위해 재직하던 회사에 이직을 통보하자 재직회사 대표가 극구 만류하는 바람에 이직을 중단하고 다니던 회사에 계속 다니기로 하셨습니다. 그런데 그분이 회사에 남기를 결정하고 오래지 않아 대표이사가 이직을 시도했다는 이유로 각종 불이익과 직원 사이에 따돌림을 유도하는 등의 어려움을 겪자 앞서 지원했던 화장품 회사에 다시 지원 가능한지 문의를 해 왔는데, 채용사 입장에서도 한번 입사를 거절했던 후보자라 재추천을 거부하는 바람에 그 후보자는 다니던 회사를 그만두고 직장을 수 개월간 쉬어야 하는 딱한 사정이 있었습니다.

Q5. 후보자와 커뮤니케이션을 잘하실 수 있는 특별한 노하우가 있으시다면?

A5. 이 일은 채용사와 후보자 간의 미스매칭을 해소시키는 일이라 서로 간의 궁금증과 불확실성을 줄여가는 과정을 거치는데, 자칫 기업과 개인 간의 문제여서 후보자의 개인의 의견은 종종 등한시될 수도 있습니다. 때문에 적합한 후보자가 발견되면 먼저 그 후보자에게 채용사의 장점뿐만 아니라 단점도 충분히 소개해서 균형감 있는 평가가 이뤄지도록 하고, 입사하게 된다면 후보자의 조직 내 입지나 역량 개발과 발전 방향에 대해서도 가급적 많이 이야기하는데, 이런 점이 좋은 평가를 받는다고 생각합니다.

Q6. 고객사와 관계를 잘 형성하고 유지하기 위해서 어떤 노력을 하시나요?

A6. 고객사에 가장 적합한 후보자를 가장 적절한 시기에 추천을 할 수 있도록 하는 것을 목표로 하고, 그러기 위해서는 내가 그 회사의 주인이라는 생각으로 고객사의 기업문화, 조직 내부 문제, 인사권자의 성향, 제품정보 등 고객사의 세세한 정보를 파악하기 위해 지속해서 커뮤니케이션하고, 실제 후보자를 찾아 고객사를 추천할 때도 내 회사 같이 안내하니, 고객사나 후보자 모두의 만족도가 높아져 관계가 원활한 것으로 생각됩니다.

Q7. 고객사나 후보자와의 관계에 있어 컨설턴트님만의 최대 강점은 무엇이라 생각하시나요?

A7. 절삭공구 기술 영업 포지션은 기술적 이해도와 영업 능력도 필요하고 때론 외국어 능력도 필요하지만 국내에는 충분한 인력풀이 없는 실정입니다. 과거 업무 중 해당 직종의 한 분을 알게 되었는데 그분이 기존에 다니던 회사를 그만두고 해외 유학을 가게 되었습니다. 2년간 진행된 유학 기간 동안 저는 그분과 수시로 안부 메일을 주고받으며 국내의 동향 정보를 꾸준히 소개해 드리곤 했습니다. 그분이 학업을 마치기 약 5개월 전, 저의 한 외국계 고객사로부터 해당 직무의 프로젝트를 요청받았지만, 그분은 학업을 중도에 포기할 수 없는 입장이라, 저는 그분의 이력서와 함께 고객사에 사정을 충분히 설명하고 학업을 마치고 귀국하는 시점으로 채용을 연기시켜줄 수 없는지 타진했습니다. 채용사에서도 그분의 경력이 아주 마음에 들었는지 채용 일정 연기와 면접 편의를 많이 봐줘서 최종 귀국 후 입사하게 된, 인상 깊은 경험이 있습니다.

Q8. 후보자를 추천할 때 후보자의 강점을 잘 파악하기 위해 특별히 체크하는 사항이 있으신가요?

A8. 이 일을 하면서 수많은 후보자를 만나서 이야기해 보면 대부분의 후보자가 본인이 잘하는 것만 부각해서 지원하려고 하고 회사가 요구하는 사항은 주의 깊게 보지 못하고 지원하는 경우가 대부분입니다. 자신의 잘하는 부분만 강조해서 지원하다 보면 사실 채용사 입장에서는 운 좋게 그 부분이 요구조건에 부합한다면 모를까 별로 중요하지 않게 생각하는 것이 현실입니다. 그래서 후보자의 이력서를 보면 우선 채용사가 요구하는 조건과 부합하는 측면이 어떤 부분이 있는지를 먼저 확인하고 후보자와 충분히 상의해서 그러한 부분을 더 많이 이끌어내서 이력서에 담도록 가이드합니다.

Q9. 후보자가 추천한 회사에 대해 확신을 가질 수 있도록 하기 위해서 어떤 사항을 가장 중요하게 이야기 하시나요?

A9. 과거와는 달리 요즘은 많은 후보자들이 워라밸이나 업무의 자율성에 대한 부분을 중요하게 생각하는 것 같습니다. 이런 부분은 후보자들이 SNS 등을 통해 사전에 입사하려는 회사의 정보를 파악하기 때문에 한 번 더 확인하는 차원에서 전달합니다. 저는 여기에 한 단계 더 후보자의 관점에서 입사 후 후보자의 입지나 역량의 충분한 발휘 가능 여부와 개인적 발전 가능성에 대해서도 상당 부분 조언을 드리고, 일하게 될 채용사 내부 조직의 구성, 문제점, 현재 구성원의 만족도 등에 대해서도 장단점을 파악하여 최대한 많이 전달해 드리려고 노력합니다.

Q10. 헤드헌터가 갖춰야 할 가장 중요한 덕목이 무엇이라 생각하시나요?

A10. 사람을 상대로 하는 일이다 보니, 물질적인 목표를 추구하다 보면 쉽게 지치기도 하고 자만하기도 하며, 신뢰도 잃어버리기 쉽다고 생각합니다. 앞서 헤드헌터의 덕목에서도 언급한 적이 있지만 저는 이 일을 하면

서 저와 같이 하시는 모든 분과의 신뢰를 가장 중요시하게 생각하기 때문에 프로젝트 하나하나에 최선을 다해서 그분들과의 충분한 신뢰 구축으로, 그분들 모두가 제 이름 석 자를 기억하고 '누군가 헤드헌터가 필요하다'고 하면 제일 먼저 저를 떠올릴 수 있도록 하는 것이 저의 목표입니다.

Q11. **채용에서 어려움을 겪고 있는 채용담당자분들께 한 마디 부탁드립니다.**
A11. 융합의 시대와 경제활동 인구의 감소, 잡사이트 시스템의 변화 등으로 인하여 채용담당자가 채용을 하는 데 있어 애로가 가중되고 있다는 것은 다 아는 사실일 것입니다. 그러나 이런 와중에 후보자들이 선호하는 업체는 분명히 존재합니다. 후보자가 채용사에 어필하기 위해 한 줄의 이력이라도 더 적으려고 노력하는 만큼 채용사도 후보자들로부터 매력적인 회사가 되도록 노력해야 합니다. 원활한 채용을 위해 복지나 기업문화, 회사의 비전을 정비하고 회사의 대외적 평판 관리를 잘하셔야 한다고 봅니다.

Q12. **이직을 준비하고 있는 우수 후보자분들께 한 마디 부탁드립니다.**
A12. 시대의 흐름에 따라 이전에는 이직이 적고 한 직장에서만 오래 근무한 사람을 선호했지만, 요즘은 한 직장에서만 근무한 후보자는 오히려 경쟁력이 없는 인재라는 인식을 심어줘서 적절한 이직을 요구하고 있는 추세입니다. 그러나 어떠한 기준도 없는 빈번한 이직은 채용담당자로부터 감점의 요인이 됩니다. 그래서 이직은, 한 직장에서 역량이나 자질에 있어 본인의 가치를 어느 정도 올려놓은 다음에 시도하는 것이 효과적이라고 생각합니다. 또한 산업, 직종의 벽을 넘어 이직하기보다는 일관성 있는 경력관리가 되도록 유사 업종이나 직종으로 이직해야 한다고 생각합니다.

우리는 헤드헌터 입니다

3부

사례

성공과 실패, 그 기로에서

1. 돈보다 큰 보람	은희주
2. 눈물로 씨를 뿌리는 자 반드시 그 열매를 얻게 되리라	홍순만
3. 위기를 통해 얻는 것	이리예
4. 헤드헌터로서의 시험대	이정량
5. 마음과 마음, 그 사이	이제욱
6. 어려운 포지션은 있지만 어려운 고객사는 없다	하철호

돈보다 큰 보람

> 은희주

이 일을 해 오면서 기억에 남는 사례 몇 가지를 소개한다. 몇몇 케이스는 나의 경우 돈보다 큰 보람으로 남아있어 내가 이 일을 계속하는 원동력이 되어주곤 한다.

● D그룹 : 상무 포지션

작년 6월에 대표이사 사장을 모시는 오더를 받고 일단은 기뻤다. 사장 포지션은 내 헤드헌팅 경력 중 처음 의뢰받은 포지션이었고 연봉도 어느 정도 될 것으로 보였으며, 타 서치펌을 쓰지 않는 회사였기 때문이다. 이 회사는 JD(Job Description)도 없고 전화로 조건을 얘기하면 알아서 JD를 만들어서 찾아야 하며, 전반적으로 연봉이 별로 높지 않은 편이라 내가 잘해서라긴보다는 타 서치펌들은 아무래도 하다가 포기한

게 아닐까 싶다. 하지만 오더 받을 당시의 그 기쁨은 연말쯤 되어서는 절망으로 돌아섰다.

6~8월까지 어느 정도의 후보자를 추천했는데 면접은 안 잡히고 시간만 끌었다. 그러다가 갑자기 JD가 바뀌었다. 원래 회계랑 조직총괄 쪽이었는데 갑자기 연구원 출신으로 알아봐 달라는 것이었다. 그런데 내 소견으로는 이 회사의 특성상 연구원 출신이 사장이 된다는 건 좀 부적합하다는 생각이 들었다. 물론 회사가 찾는 사람을 찾아주는 게 우리 일이지만 나는 내 의견을 어필해 보았다. 대기업의 경우 연구 관련 계열사에 연구원 출신이 대표로 가는 건 이해가 되지만 연구원을 하던 사람이 중소기업의 사장을 하기엔 이외에 감당해야 할 일이 버거울 것이란 생각을 했다. 하지만 일단 연구원 출신들로 추천은 진행했다. 또 별다른 피드백 없이 두어 달이 그냥 넘어갔고 이후 회사 측에서 또 다시 연락이 왔다.

"대표이사 사장이 아니라 대표이사 전무로 채용하려 합니다. 어차피 임원은 계약직이니 어느 정도 검증할 시간을 가져보고 싶고, JD도 연구원 출신이 아니라 조직총괄은 물론 신사업을 기획, 실행해본 분으로 부탁드립니다." 라고 했다.

"아, 그러세요? 그럴 수도 있죠. 그럼 그렇게 다시 진행해 보겠습니다."

자본주의적인 대답은 했지만 내심 난감했다. 직급은 그렇다 치더라도 JD가 바뀌면 처음부터 다시 찾아야 한다. 그리고 그동안 지원하고 기다리시던 분들께 죄송한 마음이 들어 한 분 한 분 연락을 드려 상황을 설명했다.

6월에 시작한 포지션이 그동안 JD도 바뀌고 직급도 바뀌어 10월경부터 다시 추천에 들어갔다. 10명 정도 추천을 하면 1명 면접 잡히는 식이었고 그나마 피드백도 매우 느렸다. 그러다가 해가 바뀌어 이듬해 1월 초에 추천한 분이 2차 면접으로 이어졌고, 결국 3월부터 그 회사에 상무로 근무하시게 되었다. 오더 수주부터 성공까지 9개월이 걸린 셈이다. 하지만 보람은 있었고 그분이 다양한 신사업을 기획, 실행하시어 이 회사의 앞날에 많은 도움을 주시길 기원한다.

● J그룹 : 인사팀장 포지션

이 회사는 채용이 정말 너무 힘들다. 첫 성공이 진행된 지 일 년이 지나서 나왔는데, 성공까지는 정확히 16개월이 걸렸다. 우선 학력 조건을 중요시하는 편이고, 서류전형에 합격할 경우 인성 검사를 보는데 여기서도 간혹 떨어지는 경우가 발생한다. 이후 기본적으로는 2차 면접까지이지만, 4차까지 면접을 본 적도 있으며 포지션마다 특징이 있기 때문에 case by case인 경우가 많다.

그리고 조직이 꽤 체계적이라 채용 연령대도 중요한 편이다. 기존 조직에 경력직 후보자가 들어가야 하므로 기존 조직 체계에 맞는 연령만을 대상으로 한다. 그렇기 때문에 IT기업이나 벤처 기업처럼 나이를 별로 신경 쓰지 않는 기업들과는 다른 점이 많다.

처음 인사팀장 채용 관련 오더가 나왔을 때 나 나름대로 조건에 적합한 사람들을 찾아 shortlist까지 작성하여 회사 측에 추천했다. 특이하게도 그 당시 인사 이사님께서 1차 면접을 혼자 보셨는데 후보자들을 회사로 부르지 않고 인사 이사님께서 직접 후보자의 현 직장 부근으로 가셔서 면접을 보았다. 따라서 1차 면접 보는 데만 며칠이 걸렸다. 나중에 한 후보자로부터 들은 얘기인데, "정말 깜짝 놀랐습니다. 이사님께서 제 이력을 다 외워서 오신 거 있죠?" 하며 감탄했다. 나도, "아 그래요? 예전엔 보통 이력서를 출력해서 가지고 갔는데 요즘엔 개인정보 등으로 가급적 출력을 안 하지만 그렇다고는 해도 다 외우는 건 좀 무리일 거 같은데……." 하고 말끝을 흐렸다. 나는 여기서 이 회사의 인재에 대한 태도를 엿볼 수 있었다. 아, 이 회사는 정말 핵심 인재를 원하고 잠정적인 인재들에 대해서도 배려해 주고 존중해 주는구나, 그리고 후보자 하나하나에 정말 관심을 기울이는구나, 하는 생각을 하게 되었다.

1차 면접 이후 2차에 두 명 정도 최종 면접을 갔으나 아쉽게도 모두 탈락하게 되며 이 포지션은 자동 종료가 되었다. 나로선 3~4개월 일한 게 모두 사라지게 되는 순간이었다. 그때 고민했다. 과연 이 회사를 내가 계속할 수 있을까? 괜히 시간만 낭비하는 건 아닐까? 아무리 좋은 고객사에 포지션이 많이 나온다고 하더라도 성공이 한 건도 없으면 헤드헌터들은 계속 할지 말지를 두고 고민하게 된다. 너무 자신이 없었다.

그때 인사 이사님으로부터 우편물이 하나 도착했다. 열어보니 이 회사 계열사 중 외식업이 하나 있는데 그 식당에서 사용할 수 있는 상품권이었다. 금액도 20만 원으로 상당히 컸다. 하지만 상품권보다 더 내 마음을 사로잡은 건 함께 동봉된 편지였다. A4 용지에 정성스럽게 쓰인 편지는 다음과 같은 내용이 있었다.

"그간 애써주셔서 감사한데 메이드 된 게 없어서 송구하고 아쉽습니다. 하지만 앞으로도 저희 회사 잘 부탁드립니다."

이 내용을 보고 나는 감동했다. 사실 우리 일이 원래 될 것 같다가도 안 되고 안되다가도 되는 다양한 변수가 존재하는데, 이렇게 마음을 써주는 고객사 이사님의 따뜻한 마음에 감동한 나는 될 때까지 해보기로 했다. 이후 포지션이 오픈될 때마다 나는 정말 최선을 다했고 다음 해 이사님이 면접 시 본인의 이력을 줄줄 꿰고 있어 감동한 후보자가 입사하게 되어 현재 인사팀장으로 이 회사에 근무한다. 이 분이 여기에서 승진도 되고 연봉도 많이 받고 승승장구해, 16개월이 걸렸던 이 회사의 내 첫 프로젝트 성공에 큰 보람을 더 해줄 거라 믿어 의심치 않는다.

이 회사는 현재 나의 주요 3대 충성고객사로, 여전히 어렵지만 될 때까지 혹은 타 서치펌에서 합격자가 나온다고 해도 종료될 때까지 포기하지 않고 때로는 코웍까지 동원하여 최선을 다하는 회사이다. (코웍: 회사 담당자가 다른 컨설턴트와 포지션을 공유하여 최종합격자가 나왔을 때 커미션을 공유하는 일)

● F기업 : IT 포지션

요즘은 IT와 관련 없는 조직을 생각할 수 없기에, IT 포지션은 어느 회사든 자주 오픈되는 편이다. IT에도 여러 가지 분야가 있지만 모 회사 IT Solution Architect 오더를 받았다. 그런데 일을 시작할 엄두가 안 났다. 일단 조건이 너무 많았고(IT 애플리케이션, 인프라를 두루 섭렵하는 분을 찾고 있었다.) 거기다 영어까지 능통해야 했기 때문에 이런 사람이 있을까 싶을 정도였다. 힘들게 경력자를 찾아도 영어가 안되는 분들이 많았기에 그런 분들은 추천 자체가 불가했다. 그러다가 거의 기적적으로 한 분을 컨텍하게 되어 통화를 나눌 수 있었다.

"혹시 영어는 어느 정도 하실까요? 외국계이고 IT share service center가 외국에 있어서 영어를 좀 잘 해야 합니다."하고 말했더니, "저 영어 잘 해요"하고 강한 자신감을 보였다. 보통 영어를 잘해도 영어는 어느 정도 한다든가 업무상 문제 없다든가 하는 식인데 이 분은 단도직입적으로 말씀해 다소 당황스러웠지만 한편으로는 마음에 들었다. 외국계에서는 자기 소신을 분명히 표현할 줄 알고 자신감이 어느 정도 있는 사람들을 선호하는 경향이 있기 때문이었다.

1차 면접 이후에 후보자와 통화를 했는데, "저 면접 망쳤어요." 하며 거의 자포자기한 듯 이야기하기에 난 내가 잘못 생각했나 싶기도 하고, 회사와 내가 보는 눈이 다를 수 있기에 결과가 나오기까지 마음을 비우고 있었는데, 2차 면접을 보자는 연락을 받고 바로 후보자에게 전화했다.

"회사 측에서 2차 면접 보자고 하세요." 했더니, "아, 정말요? 전 떨어진 줄 알고 포기하고 있었어요." 하는 것이었다. 통화한 김에 회사 측 피드백도 함께 전달했는데 1차 면접 소감은 본인만의 생각이었고 회사 측에서는 1차 면접을 꽤 잘 봤다고 했다. 그리고 이 분의 다소 aggressive한 모습이 shared service를 관리해야 하는 업무에 잘 맞다고 판단한 듯하다.

이 회사는 인센이 average 12%인데 회사 실적이 늘 좋은 편이라 작년에는 24%가 나왔다고 들었다. 그분이 아직 계신 걸로 알고 있는데 그분이 여기서 인센도 많이 받고, 회사 측 핵심 인재가 되길 지금도 바라고 있다.

● E그룹 : 집사 포지션

모 기업 회장님댁에서 집사를 모집하는 일이 있었다. 처음엔 오더를 받고 매우 난감했다. 어느 회사에나 있는 평범한 업무가 아니며 다수의 사람이 하는 업무도 아니고 잡사이트에도 관련 직종의 이력서가 별로 없는 것이 현실이었다. 일을 시작한 이후 시간이 몇 주 지났음에도 추천을 하지 못하자 회사 측 담당자가 전화가 왔다.

"이거 빨리 안 해주시면 아무래도 제가 가야 할 거 같습니다." 하고 부속실 팀장님이 말씀했다.

"정 안되면, 제가 가는 건 어떨까요? 제가 집안일은 좀 잘합니다. 정리정돈도 잘 하구요. 그리고 무엇보다 일본어도 가능합니다." 하고 농담 섞인 피드백을 드렸다. 이 포지션 우대조건에 일본어가 있었기 때문에 해 본 말이었다.

전화를 끊고 다시 한번 포지션을 나름대로 분석해 보았다. 집사라는 업무가 회장님의 집이 근무지이기 때문에 근면과 성실은 물론 무엇보다 신뢰가 가장 중요한 키워드라 생각했다. 그래서 이 포지션을 진행할 때는 후보자들의 이력서 중 자기소개서를 하나하나 모두 읽어 내려갔다. 글을 보면 그 사람의 마음을, 진심을 다소 엿볼 수 있지 않을까 하는 기대 때문이었다. 또한 지원자들에 한해 일일이 전화를 걸어 최소 30분 이상 나 나름대로의 면접을 보았다. 그 제한된 시간 동안 가급적 그들의 인성을 파악하려는 목적으로 그들의 말투에서부터 상대를 대하는 태도까지 모든 걸 체크하였다. 이후 모 특급호텔에서 객실 관리 팀장을 담당하던 분으로 면접이 이어졌고 마침 그분 전공도 일본어라 결과적으로는 회사에서 요구했던 조건에 모두 부합하는 후보자가 입사해서 지금까지도 잘 다니고 계신다. 이 사실은 나에겐 매우 큰 보람으로 다가왔다.

● B기업 : 비서 포지션

　모 유명 외국계 기업의 과장급 비서 포지션도 최소 4~5개월은 걸린 듯하다. 외국계 기업이라 영어 능통자에 비서 경력은 물론이고 주니어 비서처럼 단순 업무만 하는 게 아니기에 회사의 사업에 대한 통찰력까지도 지닌 사람을 찾아야만 했다. 대부분의 회사가 그렇듯이 이직이 너무 많은 사람도 제외해야 했다. 서류에서만 최소 10명은 탈락한 듯하다. 포기하고 다른 회사 일을 할까도 생각했었지만 여태까지 들인 시간과 노력이 아까워서 한 번 더 도전해 보기로 했고, 제일 마지막으로 추천했던 사람이 최종 합격하여 아직도 그 회사에 근무 중이다.

 그분은 전 직장에서 우리사주까지 받아서 가졌던 분이고 퇴사 시 주식을 모두 반환해야 하는 조건이 있었다. 고객사에서 최종 합격 소식을 알려주었을 때도 그분이 주식을 포기할 거라 생각하지 않았기에 거의 마음을 비우고 있었다. 하지만 전 직장 업무 강도가 너무 강하여 건강상 힘든 점이 그분의 주요 이직 사유였고 회사 측에서도 인사 임원까지 후보자에게 전화를 직접해서 그분의 결정에 도움을 주었다.

 기업에서 일을 해 본 사람들은 알겠지만 비서, 수행비서, 수행기사, 집사 등 임원 옆에서 업무를 보는 포지션은 매우 중요하다. 자칫 회사의 비밀이 누출될 수도 있고 그들의 역할이 경영진에게 직접적인 영향을 주기 때문에 단순히 연봉만으로 가늠하기 힘든 그 어떠한 성취감과 보람이 있다. 그렇기 때문에 그런 포지션을 진행할 때 나를 한 걸음 더 나아가게 만든다. 정말 잘해보고 싶은, 정말 잘 맞고 좋은 분을 추천하고 싶은 절실한 마음이 성공으로 연결되는 것 같다.

눈물로 씨를 뿌리는 자
반드시 그 열매를 얻게 되리라

홍순만

● **헤드헌터라는 직업.**
  일단 무엇을 어떻게 하면 되는지 알아야 면장을 하지!

입사 후, 회사에서 OJT 기간 동안 훌륭한 헤드헌터가 되는 방법을 차근차근 알려주기 시작했다. 처음은 각각의 구인구직 사이트를 들어가 로그인하고 인재 검색하는 방법, 구인 공지 등록하는 방법을 알려주었다. 생각보다 쉽지는 않았고 오죽하면 약 일주일 후에 진도를 못 따라가는 것 같아서 회사로부터 걱정(?) 어린 지적을 받았던 기억도 난다.

그러던 어느 날 회사에서 모 글로벌 반도체 회사 인사팀과의 화상 미팅에 참여하라는 주문이 떨어졌다. 이 회사는 꽤나 규모가 큰 업체이며 꾸준히 인재채용(특히 엔지니어)을 하는 회사였다. 회사 대표님과 같이 참석한 화상 미팅에서 내가 전담 컨설턴트로 지명되고 본격적으로 그 회사와 협력을 시작하게 되었다.

해당 회사는 주로 시니어급 반도체 개발 및 공정 엔지니어를 채용하는 회사이며 영어에 탁월해야 하는 인재상을 가진 회사이다. 이제 전담 account도 생기었으니 열심히 해 보겠다고 다짐하였다.

반도체 엔지니어링 관련 기술 서적을 구입해서 읽어보고 인터넷에도 열심히 들어가서 반도체 관련 공부를 병행하였다. 그러던 어느 날 생각보다도 쉽고(?) 빨리 success 기회가 찾아왔다. 그것도 무려 두 명의 후보가 두 포지션에서 합격하게 된 것이다. 그중 한 명은 동료 컨설턴트의 도움으로 일명 co-work에 성공하였다.

'와, 이게 과연 될까?' 하던 의구심이 '와, 하니깐 되네!' 라는 자신감으로 치환되는 순간을 맛본 것이다.

이렇게 차근차근 success를 채워 가던 중에 가장 인상에 많이 남는 success 스토리를 하나 소개하고자 한다.

위에 언급한 반도체 회사에서 2022년, 임원급 엔지니어 포지션이 오픈되었다. 당연히 연봉은 1억 후반에서 2억 정도 사이이고 스톡옵션도 별도로 준비된 흔치 않은 포지션이었다. 반도체 설계에서부터 양산까지 두루두루 경험을 쌓은 인재가 글로벌 감각을 갖추고 영어도 잘 구사해야 하는 까다로운 포지션이라, 이걸 어디서부터 어떻게 찾아야 할지 정말 난감하였지만 힘든 프로젝트일수록 나에게는 도전 의식을 불러일으켰다.

어떻게 해서든 성공하고 싶은 투지가 생겼으나 막상 적합한 인재를 찾기는 쉽지 않았다. 우리 헤드헌터 세계에서는 인재를 탐색하는 구인

구직 사이트가 5~6개 정도가 있는데 각각의 사이트마다 구직자 profile의 수준이 약간씩 다르다. 이러한 임원급 구직자들은 사실 일반적인 잡사이트에서는 찾아보기 힘든 경우가 많으나, 그래도 상대적으로 high profile이 있는 사이트에서는 눈에 띄는 후보자들에게 이직 제안을 뿌렸다.

그렇게 지내는 가운데, 동 포지션의 구인은 6개월 정도가 흘러도 적임자가 나타나지 않아서 계속 오픈되었다. 기업 입장에서는 매우 중요한 직책을 수행할 인재가 필요한데 대충 맞추어 채용할 수는 없는 것 아니겠는가?

그 와중에 2023년 설날 연휴가 끝날 무렵, D 후보가 잡사이트에서 나의 이직 제안을 수락했다. 나중에 확인해 보니 이 분은 이미 내가 6개월 전에 이직 제안을 했던 분이었고 6개월 동안 제안을 가지고 있다가 늦게나마 수락한 것이었다. 전화를 걸어 지원 동기 및 그동안의 경력 등을 나눠 보니, 대한민국에서 이 후보자만큼 이 포지션에 적합한 인재는 없을 것 같다는 확신이 들었다. 그리하여 이력서를 접수 받아 거래처 회사에 이메일을 보냈다.

아니나 다를까, 바로 다음 날 아침 10시경에 거래처 회사 인사부장이 나에게 전화하였다. 떨리는 마음으로 전화를 받았더니 "아, 전무님 안녕하세요? 어떻게 D 후보를 아세요?" 하는 것 아닌가. 순간 직감적으로 채용회사에서 완전히 마음에 드는 후보임을 느꼈다.

인사부장은 이어서 D 후보와 나와 본인과 인사팀장의 4자 식사 자리를 제안하였고, 며칠 안에 용산 모처의 한식당에서 식사 회동이 이루어졌다. 사실 헤드헌터에게 이런 자리는 잘 생기지 않는다는 걸 나중에 알게 되었다.

　이미 D 후보를 채용하겠다는 회사에서 마음을 먹고 식사 자리에 초대가 된 것 같기에, 식사 자리는 긴장된 자리라기보다는 신랑신부 상견례 분위기로 진행되었다. 우연찮게 인사부장은 이미 D 후보를 알고 있었다. 이 회사는 전 회사가 현재 회사에 의해 인수합병된 관계인데 이미 D 후보와 인사부장은 전 회사에서 부장과 대리로서 한솥밥을 먹던 관계인 것이었다. 이 얼마나 놀라운 우연인가? 또한 당시 D 부장은 이전 회사에서 실력이 뛰어나기로 유명하였으며 부하 사원들에게도 인정받았던 인물이기에 당연히 평판 조회는 프리패스한 셈이 되었다. 그러다 보니 자연적으로 예전 덕담이나 회고담 등이 오갔고 식사는 자연스러운 분위기에서 즐겁게 이루어졌다.

　동 임원 포지션은 boss가 스웨덴에 있는 임원이라 당연히 면접을 보아야 하는데 너무나 자연스럽게 동 스웨덴 임원의 한국 출장이 예정되어서, 출장 중에 D 후보를 대면 면접하게 되었다. 또한 우연찮게 서로 이미 아는 사이여서 최종 면접까지 부드럽게 진행되고 연봉과 조건 등이 나를 통해 조율이 끝나고 3월 중순 경에 출근하게 되었다. 이로써 12월 중순부터 진행된 4개월 여의 채용 여정을 성공적으로 마치게 되었다.

　합격한 D 후보는 나에게 고마움을 표시하기 위해 별도로 서울 시내 모처 식당에서 식사를 대접하였고 나도 고마움의 표시로 첫 출근날에 맞추어 고급 가죽 명함지갑을 선물하였다. 11년 전 어느 날 나도 어느 헤드헌터에 의해 임원으로 스카우트되고 그 노고에 대한 감사의 표시로 강남 모처에서 그에게 식사를 대접한 일이 주마등같이 스쳐 지나가는 순간이었다.

우연을 가장한 필연이 아닐까? 눈물로 씨(이직 제안)를 뿌렸기 때문에 열매(채용 성공)가 맺힌 게 아닌가 한다 구직자에게는 이직의 기회를 구인자에게는 정말로 필요한 인재를 공급하는 헤드헌팅이야말로 경이로운 직업이 아닌가 한다.

● 계속 페달을 밟지 않으면 자전거는 넘어지고 만다

연속된 채용 성공과 특히 연봉이 높은 임원 채용 성공에 힘입어, 일을 시작하고 1년이 안 되어 영광스럽게도 나는 '회사 매출 기준 1억'을 달성하게 되었다.

하루는 회사 대표님이 전화를 하였다

"홍 전무님, 억대 연봉 달성을 축하드립니다. 언제 시간을 내어 주시면 저하고 축하 식사라도 한 번 하시지요."

실감이 나질 않았다. 늦은 나이에 시작한 내가 회사 매출에 많은 기여를 한 헤드헌터가 되다니.

10년이면 강산이 변한다는 말이 있지만 우리는 2년이면 강산이 변하는 초고속 변화 사회에 살고 있다. 잡사이트 간의 보이지 않는 경쟁과 전략의 변화에 발맞추어 헤드헌팅 회사도 생존과 성장에 매우 민감할 수밖에 없다. 다행히 우리 회사는 국내에서도 역사와 전통이 깊고 능력 있는 헤드헌터들이 포진되어 있어서 경쟁과 도전에 상대적으로 덜 노출되어 있다고 판단하지만, 미래는 어느 누구도 모른다.

'Slow but steady wins the race.' 라는 서양 속담이 있는 것처럼 이 헤드헌팅이라는 일도 한 번에 만루 홈런을 때려서 득점하기보다는 한땀 한땀 정성껏 매일 매일 수고를 하지 않으면 수확을 할 수 없다는 만고의 진리에서 벗어날 수 없다.

그럼 어떻게 하면 성공한 헤드헌터가 될 것인가?

어느 분야든지 그 분야에서 거장이 되기 위해서는 1만 시간의 법칙이 존재하는 것 같이 매일 매일 쉬지 않고 성실히 업무를 수행하는 것부터가 성공의 첫걸음인 것 같다. 나의 경우에도 초기에는 시간을 많이 투자하여 서칭하고 이력서도 많이 접수하여 추천하였던 기억이 난다. 그렇지만 무작정 시간만 많이 투자한다고 열매를 맺는 것은 아니다. 정확히 기업의 입장에 서서 기업이 요구하는 인재상을 찾아 매칭할 수 있는 안목이 있어야 한다. 이 안목은 기업 현장에서 직접 근무하여 체험하지 않고는 키울 수 없기 때문에, 헤드헌터는 정규대학을 졸업하면 누구나 할 수 있는 직업이지만 그렇다고 아무나 다 할 수 있는 직업이 아니기도 하다.

나 또한 그동안의 헤드헌팅 경험을 비추어 볼 때 여러 다양한 케이스를 겪어 보았다. 물론 나보다 경력이 10배나 더 많은 헤드헌터들은 더 많은 케이스를 경험했겠지만 대부분 케이스의 유형은 비슷하다.

우선 거래선 발굴 과정을 소개하고자 한다. 이는 마치 씨를 뿌리면 싹을 터서 열매를 맺게 하는 좋은 땅이나 좋은 밭과 같다고 비유하고 싶다. 좋은 밭(거래선)을 다양하게 많이 보유하는 것만큼 성공적인 헤드헌터가 되는 데 중요한 것은 없다. 이를 소위 충성고객(Royal costomer)이라고 하는데 나의 경우는 비교적 짧은 헤드헌터 경력에서 한두 개의 충성고객을 확보한 행운을 가졌지만 사실 많은 헤드헌터에게 충성고객을 확보하거나 충성고객을 만드는 일은 결코 쉬운 일이 아니다.

충성고객이라 함은 '믿을만한 신규 구인 포지션이 지속해서 생성되는가?', '재무적인 면이 튼튼하고 시장지배력이 확실한가?', '구직자들에게 매력적인가?' 등의 기준으로 판단할 수 있다. 이런 조건을 골고루 충족하는 회사는 국내 및 외국계 중견기업, 대기업 등일 것이다. 그러나 국내 대기업의 경우는 주로 공채 등으로 신입사원을 뽑아서 사내 육성으로 인재를 수급하고 외부 영입의 경우는 회사의 필요, 즉 신규 사업 개발 등의 니즈, 혹은 기존의 연구개발 인력의 퇴사 등으로 차질이 생겼을 때와 같은 경우에 헤드헌터를 통해 수급하기 때문에 흔하게 기회를 접하기는 쉽지 않다. 한국의 헤드헌팅 시장 자체가 1988년 이후 급속한 국제화로 인해 글로벌 외국계 회사들이 앞다투어 한국에 진출한 시점과 맞물려 생겨났으니, 사실 헤드헌팅의 수요는 거의 60~70% 가량이 외국계 기업이라고 봐야 할 것이다.

이즈음에 고객 확보 실패 사례에 대한 에피소드 하나를 소개하고자 한다.

어느 날, 대표님으로부터 신규 거래선을 소개받게 되었다. 경기도 외곽에 있는 강소기업인데 나에게 그 기업의 주문을 받아 보라는 것이었다. 서둘러 전화를 하고 그쪽 인사담당자와 방문 약속을 하여 며칠 후에 차를 몰고 방문하였다. 기계 관련 핵심부품을 생산하는 업력이 30년 이상 된, 세계시장점유율 1위의 부품회사인데 회사에 도착해 보니 공장 한복판에 멋진 사옥(골프장 클럽하우스를 연상)이 있고 앞에 소규모 잔디가 깔려 있으며 각종 초호가 브랜드의 스포츠카가 주차되어 있는 특이한 분위기의 회사였다.

인사담당의 안내로 2층 회의실에 도착하니 중년 임원 한 분과 젊은 청년 한 사람이 나를 맞이하였다. 소개를 나누어 보니 청년은 미국에서 대학을 나오고 아버지로부터 이 회사를 물려받아 앞으로 경영할 2세 경영자이고, 중년 임원은 이 젊은 사장의 외삼촌으로서 기술 분야 CTO로 아버지와 함께 그동안 이 회사를 경영하였다고 했다.

미국에서 공부한 2세 경영자는 당연히 선진국에서 근무하였으니 헤드헌팅을 잘 알 터인데, 이 회사 자체가 그동안 헤드헌팅을 통해 직원을 채용한 경험이 전무하니 자연스럽게 나에게 헤드헌팅 프로세스나 관련된 내용을 질문하게 되었고 나도 기본적인 내용을 소개하고 답변하였다.

이 회사에서 필요로 하는 포지션의 내용을 들어 보니, 그동안 20년 넘게 근무한 한 핵심 엔지니어가 정년으로 퇴임을 앞두고 있기 때문에 그 후임자를 백방으로 수소문하여 찾고 있으나 마땅치 않아서 헤드헌팅을 의뢰하게 되었다는 것이었다.

그러나 대화를 하면 할수록 헤드헌팅에 소요되는 수수료나, 헤드헌팅을 통해 채용을 해야 하나 하는 확신도 없어 보였다. 어쨌거나 멀리 자동차를 몰고 신규 거래선 개척이라고 출장 왔으니 성실히 면담에 임하고 JD를 만들어서 받고 서칭을 시작하였다. 아니나 다를까 수고하여 추천한 인재에 대해서는 연봉이 너무 높다거나 다른 이유를 대면서 적극적인 모습을 보이지 않았다. 결국에는 나중에 그 포지션은 그냥 사내공모로 적당한 사람을 뽑았다고 하였다.

 당연히 헤드헌팅에 익숙하거나 지불하여야 할 수수료 등에 확신이 있는 거래선만이 신규 거래선이나 충성 거래선으로 편입될 수 있겠다는 생각이 드는 에피소드이다.

위기를 통해 얻는 것

이리예

● 고객사 episode ①

 진행했던 회사 중 유독 기억에 남는 회사가 있다. P사는 화학제조업의 중견 기업인데 회사 규모 대비 높은 수준의 후보자를 요청하는 곳이었다. 이미 헤드헌팅 업계에서 어렵다고 소문이 난 곳 중 하나였다.
 먼저 해당 회사 경쟁사를 리스트업 했고 재직자들을 분석하였다. 현재직자 스펙보다 상향하는 후보자를 채용하고 싶어한다는 P사의 니즈를 파악했고 매우 어려운 조건이기에 당시 다른 헤드헌터분들이 요청에 맞는 후보자는 현실적으로 없다며 다른 프로젝트를 진행하라는 조언을 했다. 그러나 인사팀 담당자가 질의 사항에 대한 답변을 현업에 물어서라도 회신해 줄 정도로 적극적인 소통을 해주었기에 P사의 프로젝트를 1순위로 놓고 진행을 하였다.

대략 3개월 가량을 다른 고객사의 프로젝트를 후 순위에 두고, 1순위로 P사의 연구원 포지션을 진행하였고 약 30명을 서류 추천하였다. P사 요청에 부합하는 후보자를 추천하기 위해 평소보다 10배는 넘는 후보자들을 컨텍하고 시간과 자원을 투입하였다. 도중에 P사 사장님이 우리 서치펌에서 우수 후보자를 많이 추천해 주고 있으니 추가 후보자를 더 받고 싶다고 인사 담당을 통해 전달했다. 그리하여 서류가 접수된 지 2달 만에 총 8명의 서류 합격을 통보받았다. 3번의 면접 전형 후 최종합격자가 3명이 나왔으나 모두 거절하였다. 경력 합격자 A, B씨는 대기업 재직자였는데, A씨는 3달 가까운 전형 진행 과정을 겪으며 P사에 대한 실망을 하여 오퍼조차 받지 않겠다며 입사를 거부했다. B씨는 현 직장 연봉보다 훨씬 낮은 오퍼가 나와 결국 오퍼 거절로 입사가 진행되지 못했다. C씨는 신입이었는데 지원한 연구직이 아닌 생산 파트로 합격 오퍼가 왔기에 후보자가 거절하였다.

　진행의 모든 과정에서 인사담당자를 통해 몇 번이고 현 후보자들의 연봉 정보도 공유하였고 연봉 상향으로 스카우트하겠다는 P사 경영진의 답변을 들었으나 결국 크게 실망했다. 당시 고객사의 행동이 이해되지 않아 P사 인사팀장님께 항의 전화를 했다.

"안녕하세요, 팀장님. 피플케어 코리아 Grace 이사입니다."

"네, 안녕하세요, 이사님. 안 그래도 최종 오퍼가 이렇게 나와, 드릴 말씀이 없습니다."

"다름 아니라 이번 채용 진행 과정 중 이해되지 않는 부분이 있어 해당 부분에 대한 설명을 부탁드립니다. 후보자들의 최종 연봉 오퍼 부분이 이해되지 않습니다. 전형 진행 시작부터 이미 현재 연봉, 희망 연봉을 기재해 드렸고, 해당 희망 연봉이 가능한지에 대한 문의를 채용 진행 시작부터 중간, 마지막까지 몇 번을 드렸습니다. 번번이 가능하다고, 경영진께 의사 확인하셨다고 하셨습니다. 최종 면접 참석을 위해 후보자가 연차를 진행할 때에도 후보자도, 저도 희망 연봉이 진행된다는 조건 하에 면접을 참석한다는 의사를 몇 번이나 알려 드렸고, 그때도 희망 연봉이 가능하다고 회신받았습니다. 그런데 희망 연봉과는 너무 상이한 건 둘째 문제이고, 후보자가 현재 받고있는 TOTAL 처우보다 30%나 낮은 오퍼가 어떻게 나올 수 있는지요?"

"이사님, 안 그래도 전임자께서 진행하셨던 이 부분에 대한 보고를, 담당자를 통해 전달받았습니다. 저도 진행 과정을 상세히 알지는 못하지만 뭔가 착오가 생겼던 것 같습니다. 저희 쪽 임원분들께서는 해당 오퍼 이상으로는 채용을 진행하지 말라고 하셔서요……. 전달 과정에 오류가 생겨 죄송합니다."

"팀장님, 기존 처우보다 낮은 오퍼도 이해 가지 않지만, 그동안 몇 달간의 채용 진행 과정에서 후보자들의 처우 관련하여 원하시는 스펙의 후보자들의 경우, 예상되는 연봉에 대한 부분은 충분히 전달드렸고, 임원분들이 동의하셨다고 해서 진행되었던 상황인데, 이제 와서 '임원분들의 답변이다.' 라는 것도 이해가 어렵습니다."

"네, 그러게요. 이사님. 저도 드릴 말씀이 없네요……."

그 과정에서 언성도 높아졌다. 부적절한 커뮤니케이션에 대한 책임을 지적하며 이후로는 P사에 후보자 추천을 드리지 않겠다고 화를 내며 통화를 마무리했다.

그리고 2달 후쯤……. P사 인사팀장님으로부터 전화가 왔다.

"이사님, 안녕하세요. 잘 지내고 계시는가요?"

"네, 어쩐 일이신지요?"

"다름 아니라 저희 채용 포지션에 후보자 추천을 받고 싶어 연락 드렸습니다. 저희 회사에서 미팅을 좀 하고 싶은데 언제 일정이 가능하실까요?"

"아……. 어쩌죠, 팀장님. 제가 당분간은 미팅 일정 잡기가 어려울 것 같습니다. 또한 포지션도 다른 서치펌에 의뢰해서 먼저 진행하시는 것이 어떨까요? 죄송하게도 지금은 추가 프로젝트 진행이 어렵습니다."

"아, 그러면 이사님, 저희 프로젝트는 언제 진행 가능하실까요? 다름 아니라 저희 임원분들께서 꼭 이사님 쪽에서만 후보자를 추천받고 싶다고 하셔서요. 일정을 조율하겠습니다"

그때는 P사의 커뮤니케이션이 잘못되었다는 사과와 함께, P사로 미팅을 와 달라는 요청을 받았지만 응하지는 않았다. P사 프로젝트에 우리 회사의 모든 자원을 투입해가며 최선을 다했고, 나 이상으로 P사를 잘 알고 진행해 줄 수 있는 헤드헌터가 없다는 자신이 있었기 때문이다.

미팅을 거절하고 일주일 후, P사 인사팀장님으로부터 다시 연락이 와 우리 회사로 직접 찾아오겠다고 하였다. 나에게서 꼭 후보자를 다시 추천받고 싶다고…….

간혹 갑과 을의 관계 속에서 기본적인 비즈니스 매너를 지키지 못하는 고객사도 존재한다. 고객사 입장에서 서치펌도 많고 헤드헌터도 많은데 이렇게까지 요청을 하는 건 쉽지 않고, 그 과정에서 인사팀의 진정성에 감동 받아 다시 한번 인사팀을 믿고 P사의 프로젝트를 재진행해보기로 하였다. 바로 S후보자를 추천하였고 빠른 면접 진행과 함께 합격하여 입사하였다.

이후로도 해당 프로젝트를 하며 다수의 합격자가 나왔지만 그중 몇 명은 오퍼 거절로 입사가 이루어지지 못했다. 그러나 대다수의 합격자가 오퍼 승낙 후 만족하여 현재도 P사에 재직 중이다. 처음 진행 시 다른 서치펌들도 함께 진행되는 프로젝트였지만 현재는 단독으로 프로젝트를 진행하고 있으며, 가끔 포지션에 따라 추가 서치펌이 함께 진행될 때도 있지만 대다수의 서치펌들이 서류 통과조차 하지 못하는 중이다.

분명 P사는 기업 규모 대비 높은 스펙의 후보자를 채용하고 있어 진행하는 프로젝트 난이도가 매번 어려운 건 사실이나, 비즈니스는 상호 간의 신뢰가 있다면 지속되는 것 같다. 담당 인사팀은 늘 적극적이고 신뢰 있는 태도로 함께 채용에 힘쓰고 있기에 어려워도 합격자가 나오고 입사가 잘 진행되는 것 같다.

불과 2년 전까지 어렵기로 소문난 P사를 내가 진행하게 될 줄도 몰랐고, 이렇게 합격자들이 나올지도 예상 못했고 심지어 나의 충성고객사가 될 것은 더더욱 예상하지 못했다. 여러 에피소드들을 서로 거쳐오며 신뢰를 쌓아왔기에 지금이 있다고 생각한다.

늘 내가 맡은 고객사에 다른 헤드헌터보다 더 적합한 후보자를 추천하자는 마음으로 프로젝트에 진정성을 가지고 임하고 있다. 헤드헌터들마다 각자의 기준이 존재할 테고 나 역시도 나만의 기준으로 고객사를 분류한다. 그리고 오늘도 충성고객사를 만들어 나가기 위해 하루하루 진정성을 가지고 고객사의 프로젝트를 위해 노력 중이다. 나는 오늘도 P사의 프로젝트 진행을 위해 하루를 시작한다.

● 고객사 episode 2

"와, 이사님 C기업 진행하신다면서요? 축하드립니다. 재정상황도 좋고 탄탄한 기업이잖아요. 포지션도 많이 진행하는 것 같던데, 아무튼 축하드립니다. 오픈해 주신 프로젝트 적합한 후보자 추천 드리겠습니다."

"이사님, C기업 이번에도 맡으셨다구요? 지금 오픈해 주신 포지션들이 다 신규채용 건인가요? 어떤 포지션을 메인으로 먼저 보면 될런지요? 아무튼 축하드려요!"

C기업 PM을 맡고 나서 사내 동료 헤드헌터분들로부터 프로젝트 관련 문의 및 축하를 줄줄이 받았다. 해당 기업은 우리 회사 기존 고객사였지만 기존 PM이 미진행 의사를 밝혀 담당 PM이 변경된 건이었다.

C기업은 탄탄한 중견 기업으로 업계에서는 세계 1위를 맡고 있는, 중견이지만 웬만한 분들이 다 아는 곳이었고 신사업이 추진되고 있는 터라 관심이 많았기에 나도 내심 기대 반 설렘 반으로 프로젝트를 시작하게 되었다.

처음 오더를 받았는데 20개 넘는 프로젝트에, 그 가운데는 C레벨

position도 다소 있어 동료 헤드헌터분들과 오픈 프로젝트로 진행을 시작하였다. 예상처럼 동료 헤드헌터들의 프로젝트에 관한 관심과 문의도 많았지만 후보자들의 반응도 아주 뜨거웠다. 대다수의 프로젝트가 팀장급 이상과 C레벨이었는데 후보자들의 기업 관심도가 높아 하루 종일 문의 전화가 폭주했으며 그로 인해 업무가 마비될 정도였다.

그러나 프로젝트를 진행하면서 우리는 조금씩 C기업의 업무 진행 과정에 의문이 들기 시작했다. 처음은 포지션을 수락한 후보자의 통화였다.

"이사님, 안녕하세요. 먼저 해당 포지션에 대한 제안을 주셔서 대단히 감사합니다. 이사님께 C기업을 듣기 전에는 이 기업을 몰랐는데 알고 보니 아주 유명하고 미래 전망이 좋은 기업인 것 같더군요. 또한 현재 15군데 넘는 서치펌에서 동일 포지션을 저에게 제안하는 중인데, 저는 꼭 이사님을 통해 지원하고 싶습니다. 상세 이력서 검토해 보시고, 추천 가능 여부는 언제 알 수 있을까요?"

얼마 뒤, 동료 헤드헌터로부터도 연락이 왔다.

"이사님, C기업 좀 이상합니다. 혹시 알고 진행하고 계시는지 해서요. 제가 추천 드리려는 후보자들이 타 서치펌에서 동일 포지션들을 중복으로 제안받는 중인데, 그 중복 제안 숫자가 보통 5~10개가 넘는다고 합니다. 이런 경우는 또 처음 봅니다. 이 회사 신뢰할 만한가요? 무슨 서치펌을 이렇게 많이 이용하나요?"

"저도 후보자 및 동료분들을 통해서 동일한 문의를 많이 받았습니다. 들리는 바로는 20곳 넘는 서치펌을 이용한다고 들었습니다. 저도 이런 경우는 처음 봐서 뭐라…… 드릴 말씀이 없네요. 저도 해당 고객사와 진행이 처음이니, 신뢰 가능한지는 진행해 봐야 알 것 같습니다. 그런데 서치펌을 이렇게 많이 사용하는 건 이례적이긴 하지만, 반대로 보면 또 꼭 서치펌을 통해 채용을 진행한다는 얘기인 것 같습니다. 대신 경쟁이 아주 치열해 보이긴 합니다."

"알겠습니다. 더불어 메일에, '추천 시 주의사항 10가지'가 기재되어 있던데 이건 좀 갑질이 심한 거 같은데요? 이걸 다 지켜야 하나요? 이 중 하나라도 지키지 않을 시에는 다음번에 거래 끊는다는 반 협박성 문구도 기재되어 있던데, 이사님 진행하시기에 여기 괜찮으신가요? 이런 진행 형태만 봐도 고압적이고 갑질이 심한 거 같던데, 힘드실 것 같습니다. 웬만하면 여기 중단하시고 다른 회사 프로젝트 하시는 게 나아보입니다."

"네, 걱정해 주셔서 감사합니다. 저도 진행해 보고 상황을 알려 드리겠습니다."

처음과 달리 진행을 하면서 동료 헤드헌터분들의 우려 섞인 반응과 후보자들의 혼란이 가중되었으나, 나는 이 회사를 내 충성고객사로 만들고 싶어 다른 프로젝트를 후 순위로 밀고, 우선 순위로 진행하였다.

C기업은 항상 정해진 날짜와 시간에 포지션 오더를 진행하였고, 지정된 시간에 추천을 진행해야 했으며 시간 미준수 추천 건에 대해서는 서류 심사가 이루어지지 않는다는 경고 내용도 늘 함께 왔었다. 최초 오픈되었던 20개 포지션의 전체 추천이 마감되고도 며칠 간격으로 신규 포지션은 계속 오픈되었다. 마감 기한은, 길면 일주일 빠르면 3일 이내,

급기야 2일 이내 추천 완료하라는 오더까지 나오기 시작했다.

후보자들의 면접 일정들이 잡히기 시작했기에 추가 프로젝트 후보자 추천과 면접 등으로 정신없는 시간을 보내기를 두 달 가까이 했다. 최초 진행한 프로젝트 대기업 후보자 W씨가 최종 면접에 올라가게 되었다. 최종 면접 전 평판 조회가 미리 진행된다고 하여, 후보자 W씨의 동의하에 평판 조회 업체가 조회를 진행하였다. 최종 면접에는 3명의 후보자가 올라가는 게 C기업 룰이라, 총 3명의 후보자가 진행되었고 내가 추천한 W씨가 최종 합격이 되었다.

그런데 원래 진행하였던 해외 법인장이 아닌 국내 전략 본부장으로의 합격이었으며, 최종 오퍼는 기존 처우 대비 30% 하향된 상태였다. 당연히 후보자 W씨는 오퍼를 거절하였고 해당 프로젝트는 국내 전략 본부장으로 변경되어 진행되었다. 이후로 여러 프로젝트들이 길면 일주일, 빠르면 2~3일의 오픈 기간 내에 추천을 진행해야 했고, 추천하자마자 오후 7시에 전화 와서 익일 오후 4시에 3명의 면접을 잡아달라는 스케줄들의 연속이었다. 6개월 동안 꾸준히 서류 합격자와 면접자들이 있었지만, 그 이후로 이상하게도 최종 합격이 나오지 않았고 C기업을 진행하느라 다른 프로젝트들이 밀려 성과가 나오지 못하고 있었기에 결단이 필요했다. 더는 C기업을 우선순위 프로젝트로 진행하는 의미가 없었다.

그로부터 1년 후…….

예전 C기업에 노무팀장으로 추천한 M 후보자가 당시 진행 중이었던 K기업의 프로젝트에 추천하기 적합한 후보자라 다시 제안을 드렸다.

당시 M 후보는 나와 열심히 C기업 노무팀장 포지션을 준비하였지만 서류전형에서 탈락했었다.

"안녕하세요. M 부장님. 다름 아니라 제가 지금 진행 중인 기업 인사팀장으로 적임자셔서 포지션 제안을 드리고 싶은데, 의사 있으시면 연락 부탁드립니다."

"안녕하세요. 이사님. 어떤 회사인지요?"

"잘 아시는 회사입니다. K기업입니다. 현재 재직 중이신 곳과 경쟁사라 잘 아시지요?"

"아, 이사님. 제가 사실 작년에 회사를 이직 했습니다. C기업 인사팀장으로요. 이사님 덕분에 인연이 되어 좋은 처우로 여기 왔습니다. 그래서 당장 이직은 좀 어렵겠는데…… 어쩌지요?"

"C기업으로 이직하셨나요? 그때 서류전형 떨어지셨는데…… 어찌 된 일인가요?"

"네, 다 이사님 덕분이지요. 차후 다른 포지션 있으면 또 연락 부탁드립니다."

우연히 M 후보자와 연락을 주고받고는 이상함을 느꼈다. 당시 나는 C기업 인사담당자와 계속 통화하며 다른 프로젝트 면접자 및 최종 처우 협의를 하느라 하루에도 몇 번씩 전화와 메일을 주고받았으며 한 주에 추천 후보자도 많게는 20명이 넘게 진행 중이었던 상황인데 C기업 인사팀장으로 갔다면 이게 무슨 일인지 상황 파악이 필요했다.

C기업 인사담당자에게 해당 경위에 대한 내용을 물었다.

'M 후보자는 노사팀장 포지션으로 지원하셨으나 당시 서류전형 불합격되셨고, 그 이후 X 서치펌을 통하여 계열사 인사팀장으로 지원해, 이후 서류전형 및 1차 면접 합격 후 2차 면접 진행 시 당시 면접관이셨던 경영진 의사결정으로 C기업 인사팀장에 최종 채용되었습니다. 저희 쪽에서 피플케어 이력서를 활용하여 내부 채용 활동 진행한 것이 아님을 참고해 주시고 오해 없으시길 바라겠습니다.' 라는 전달을 받았다.

입사일 및 X 서치펌 추천 헤드헌터, 추천 일자 등에 대한 확인을 요청했고 내가 추천한 일자보다 한 달 뒤 추천이 이루어졌던 것으로 답변을 받았다. 나는 해당 관련 내용 모두를 시간 순서에 따라 회사 경영진 대표님에게 상세히 보고드렸다. 또한 C기업 측에서 타 서치펌으로 진행하였기에 우리 쪽과 관계 없다는 유·무선상의 의사 표현을 한 것까지 포함해서 말이다. 피플케어 대표님은 계약서에 기재된 대로 C기업에 M 후보자가 입사했으니 수수료 진행이 되어야 한다고 하셨다. C기업에서 어떤 말을 하든 무시하고 팩트만 보라고 하셨고 만약 C기업에서 수수료를 미진행할 시 내용증명 및 모든 법적 조치는 회사가 진행하겠다고 하셨다. 또한 이후 해당 건과 관련하여 모든 상황은 경영진에게 보고 달라고 하셨고, 경영진에서 대응할 테니 더는 신경 쓰지 말고 다른 프로젝트에 집중하면 된다고 하셨다.

'그동안 C기업을 충성고객사로 만들기 위해 최선을 다해 후보자를 추천했던 결과가 과연 이것인가?' 라는 회의감과 함께, 말로만 듣던 수수료 분쟁 케이스를 겪게 될 줄은 꿈에도 몰랐기에 실망감은 더욱 컸다. 이 과정에서 피플케어 대표님의 의사결정 및 대응에 나는 큰 소속감과 함께 감동을 받았다. 많이들 헤드헌터가 개인사업이라 생각하는데, 나는 혼자가 아닌 엄연한 피플케어 소속의 헤드헌터로 우리 회사로부터 내 권리를 보호받고 있다는 것을 강하게 느꼈다. 피플케어는 익일 바로 C기업 인사담당자에게 세금계산서를 발행했다.

다른 고객사와 한참 통화를 한 후 나는 깜짝 놀라고 말았다. C기업 인사담당자가 세금 계산서가 발행되자마자 나에게 10통 가까이 부재중을 남긴 것이었다. 내 전화의 경우 통화 중 대기를 하지 않아 통화 중이면 상대에게 통화 중이라는 멘트가 나가는데 이 멘트를 듣고도 계속 전화를 시도한 것이었다. 리콜을 하기 위해 시간을 보았더니 이미 저녁 7시가 넘은 시간이라 익일 리콜을 하기로 하였다.

그러나 익일 오전 C기업에서 먼저 메일이 왔다.

'현재 저희 쪽과 어떠한 상의도 없이 M 팀장님에 대한 계산서 발행을 진행하시고, 제 전화는 수신 차단하셔서 많이 당황스럽습니다. 따라서 본 건에 대한 유선 통화가 가능한 담당자 연락처 회신을 요청드립니다. 자세한 논의도 없이 무단으로 발행된 계산서 건에 대해서는 저희도 승인할 수 없는 상황입니다. 담당자 정보 회신을 요청드리오니 확인되시면 이메일로 회신 부탁드립니다.'

이건 또 무슨 일인가 했다. 수신 차단을 한 적도 없는데 수신 차단했다는 내용을 기재하는 성급함은 무엇이며, 해당 건에 대해 왜 상의해야 하는지 이해가 가지 않았지만, 관련 내용도 대표님에게 실시간으로 보고 드렸고 피플케어 경영진에서는 일주일 내로 수수료를 입금하라는 내용을 C기업에 답변하였다.

그 날 저녁……. 우리 회사 J 전무님이 저녁 7시에 전화하셨다. 평소 연락을 잘 하는 사이도 아니었고 업무 시간 외 전화라 급한 건인 것 같아 받았더니, F서치펌 K이사가 전화를 해서 우리 회사의 C기업 담당자가 누구인지 물어보았다는 것이다. 나라고 하니 번호를 알려 달라기에 알려 줬다며 무슨 일인지를 묻는 것이었다. 그로부터 한 시간 뒤 또 다른 H전무님이 같은 내용으로 전화하셨다. F서치펌 K이사가 C기업 건 때문에 나를 찾는다는 얘기였다. 너무 황당해서 말이 나오지 않았다. F서치펌 K이사는 이 일과 아무런 관련이 없는데 왜 나를 찾는지 이해할 수 없었다.

K이사로부터 연락을 받아보니, C기업에서 앞으로 프로젝트 의뢰를 나에게 할 것이니 이번 M팀장 수수료 건은 없던 일로 해달라는 내용이었다. 이 내용을 C기업 인사담당자는 무슨 생각으로 타 서치펌 K이사에게 전달했는지도 모르겠고, K이사도 밤늦게 이런 행동을 하는지 이해가 가지 않았지만 대응할 필요를 느끼지 못해 경영진에게 보고만 드렸다. C기업 인사담당자는 우리 회사 대표 번호로 계속 전화를 걸어 경영진과의 통화를 요청하였고, 우리 회사 경영지원팀 팀장님은 해당 건은 경영진의 의사결정 사항이라고 명확한 답변을 하였다. 그랬더니 C기업 인사담당자는 피플케어 O전무님에게 전화를 걸어 경영진과 통화를 하고 싶다고 연결을 해달라고 했다. F서치펌 K이사가 제안한 내용을 그대로 O전무님에게 전달하며 협의를 보고 싶다고 했다. 아니면 해당 건은 수수료 지급을 하고 다음 성공하는 건을 무료로 진행해 달라는 내용이었다. 이 모든 상황들은 C기업 담당자인 나에게 내용 전달이 되

었으며, 나는 모든 상황을 빠짐없이 피플케어 대표님에게 보고 드리고 있었다.

내부적으로는 기한 내 미입금 시 법적 조치도 진행하겠다는 결론이 이미 난 상황이었고 C기업 인사담당자에게 피플케어 경영진의 의사결정 사항이라고 여러 번 명확히 해당 내용을 전달하였지만, 인사담당자는 여전히 여러 곳에서 피플케어 경영진과의 컨텍을 시도하고 있었다. 결국 제시한 입금일이 되어서야 C기업은 처음에 수수료 지급하지 못한다고 했던 입장과는 달리 세금계산서를 익월로 재발행해 달라는 요청을 하였다. 또한 입금일을 C기업의 현금지급일 규정에 맞게 익월로 연기해 달라는 요청을 하였다.

그로부터 50일 뒤……. C기업의 현금지급일에 맞춰 입금이 완료되었다. 진행 과정을 요약해서 글로 담았지만 C기업의 프로젝트를 시작한 날부터 해당 건의 마무리까지 하루도 편안하지 않았고 다이내믹한 날들을 보냈었다. 수수료 분쟁이 생겼던 그때 나는 헤드헌터로서 이 직업에 대한 실망과 좌절감, 회의감을 느꼈다. 당시 다른 프로젝트도 많았는데 업무가 도무지 손에 잡히지 않았다.

이때 우리 회사가 책임지고 해당 건을 맡아서 진행해 주었고, 내 편에서 내 뒤에 서 있어 주었다. C기업 인사담당자가 계속하여 피플케어 경영진을 찾은 이유는 우리 전무님들에게 말한 내용으로 회유하기 위함이었을 것이다. 분명 서치펌 대표님 입장에서 보면 C기업은 프로젝트도 많고 매력적인 회사일 것이다. '앞으로 많은 프로젝트를 줄 테니 M팀장 수수료 건은 없던 일로 하자' 라는 최초에 제시했던 내용으로 말이다. 대다수의 서치펌들이 고객사 영입에 사활을 거니, 아마 다른 서치펌 경영진이었다면 C기업의 제안을 받고 나를 설득하거나 다른 헤드헌터에게 해당 기업의 PM을 맡겼을 수도 있었을 것 같다. 그렇기에 이번 일을 계기로 나는 다시 한번 우리 회사에 감동했고 내가 피플케어 소속으로 함께 할 수 있음에 감사했다. 피플케어 대표님은 이미 애초에 이 모든 사항을 보고 받았을 때 '피플케어는 항상 소속 헤드헌터 편이고 그 고객사가 아무리 대기업이라고 해도 우리 소속 헤드헌터가 억울한 일을 당하면 회사가 대신 맞서 싸울 것'이라고 했다. 그런 기업은 두 번 다시 피플케어가 진행하지 않아도 괜찮다고도 했다. 이 말을 들으면서 울컥함과 깊은 감동을 받았다. '이런 서치펌이 또 존재할까?' 라는 생각과 함께 말이다. 또한 이 긴 진행 과정 중 피플케어 동료 헤드헌터분들께도 감동을 받았다. 본인들의 사례도 알려주시면서 이런 걸로 지치거나 마음이 힘들지 않았으면 한다는 마음을 담아 해당 건이 잘 마무리되길 바란다며 응원과 격려, 조언들을 아낌없이 해주셨다.

 진정한 친구를 알려면 위기를 겪어 보면 안다고 했듯이 이번 일이 내게 그랬다. 늘 리스크를 안고 하는 헤드헌터 업무를 하면서 지치는 순간과 힘든 위기의 순간들이 누구에게나 있다. 나에게도 그런 순간들이 왔었고 이후로도 올 것이지만 이전처럼 크게 걱정이 될 것 같지는 않다. 왜냐하면 나는 '피플케어 소속' 헤드헌터이기 때문이다.

헤드헌터로서의 시험대

이정량

● 42번째 인재 추천 이후 합격 Success

내가 2022년 6월 8일 ㈜피플케어 코리아에 헤드헌터로 처음 입사한 이후 약 4개월이 경과한 10월에 있었던 첫 합격 Success case에 대해 공유하고자 한다.

채용사 N사는 반도체 장비를 개발하는 중소기업인데, 헤드헌터 시작 이후 필자에게 반도체 분야는 사실 생소한 영역이었다. 하지만 SNS를 통해 며칠을 투자해서 반도체 8대 공정에 대한 자체 Study를 통해, 하나하나 용어 및 각 공정의 내용들을 정리하였다. 2022년 10월 첫 Success를 완료 후 채용사는 또 다른 포지션을 필자에게 전달하였다. 하지만 그 포지션의 자격요건은 기업 규모 대비 너무 과도한 포지션 JD였다.

포지션은 '반도체 Dry Etcher장비 공정개발 팀장'이었으며 JD는 아래와 같다.

- 자격 : 반도체 Chip Maker사 생산라인에 근무 경력
  (대기업, 외국계 반도체 회사 등)
- 학력 : 박사학위 소지자
- 연봉 : 1.2억

사실 상기 세 가지 자격요건을 대상으로 후보자를 서칭하기는 매우 어려웠지만, 2022년 11월부터 2023년 10월까지 약 1년여 동안 줄기차게 아주 많은 정성을 들여, 약 41명 정도의 인재추천서를 N사에 전달했다. 하지만 서류전형 결과는 모두 탈락이었다. 이 정도로 정성을 들여 인재 추천을 했건만, 아무런 보답이 없었기에, 때론 포지션 진행에 대해 포기까지도 생각했다. 그러던 중 새로운 아이디어가 떠올랐다.

초기 헤드헌터 교육 당시 신중진 회장님의 말씀 중 "지인 소개가 가장 효과적인 인재 추천 방법이 될 수 있다"는 내용이 있었다. 회장님의 말씀을 상기하면서, N사에 인재 추천 후 서류 탈락했던 고급 인재 중 한 명(C박사)에게, 카톡으로 안부 문의를 하던 중 지인 소개를 요청했다. 비록 본인은 N사 서류전형에서 탈락했지만 흔쾌히 수락을 해주셔서 후배 한 명을 소개받았다. 천운이 다가온 걸까……. 소개받은 지인과 통화하여 이력서 수취 후 곧바로 N사에 이력서와 함께 인재 추천을 보냈다. 이틀 뒤에 바로 채용담당자의 연락이 왔는데, 42번째로 추천한 그 후보

자의 면접을 보겠다는 것이다.

그래서 후보자와 컨텍하여 면접 일자를 확정한 후, 직접 N사에 방문하여 면접 시간 2시간 전에 후보자와 대면 접촉을 했고 인사담당자와도 회의하면서, 결국은 나(헤드헌터)와 후보자와 채용사가 모두 완벽히 만족하게 되었다. 그리고 최종적으로 면접 실시 이틀 후에, 이메일로 Job Offer Letter가 날아왔다. 연봉 1.0억에 채용하겠다는 이메일이었다. 그래서 최종적으로 그해 초겨울 후보자가 출근하기 시작했고 현재도 근무 중이다.

여기서 내가 얻은 경험은 첫 번째, 하나의 포지션 Project는 많게는 1년이 소요된다는 점, 둘째는 채용사와 해당 포지션에 대한 확신이 있으면, 끝까지 성공하고 말겠다는 의지가 중요하다는 점, 셋째는 잡포탈에서 서칭이 어려울 경우, 지인 소개를 통해 확실한 경력 보유 후보자를 물색 후 해당 채용사에 추천하는 것이 지름길이라는 것이다.

● 최종 합격 후 입사 거절, 취소

우연인지 아니면 스스로를 헤드헌터로서 시험한 건지는 모르겠지만, 특별하게 2023년 모월 모일은 나에게 절대로 잊을 수 없는 날이다. 왜냐하면 헤드헌터를 시작한 지 정확히 1년이 되던 날인데 공교롭게 3명의 후보자 모두가 최종 합격 후 입사일이 다가오는데 연락이 두절되고, 결국은 세 명 모두 입사를 하지 못했기 때문이다. 약 3개월 동안 심혈을 기울여 후보자와 밀접한 연락을 통해 소개해주었고, 대단히 고맙다는 언급까지 했으면서도 그랬다.

먼저, 입사거절 사례이다.

◆ T사(반도체 기업) / Product Marketing / 연봉 6천 3백만 원
  • 사유 : 세부적인 언급은 없었지만, 부모님을 간병해야 한다는 사유로 입사일을 일주일 정도 연기 해 주었지만, 결국은 취소된 사례이다. 아마도 중복지원 후 연봉 문제로 타사로 옮긴 듯하다.

◆ V사(IT기업) / HR인사기획 / 연봉 7천 5백만 원
입사 이틀 전부터 연락이 두절되었다가, 결국 입사 하루 전 전화가 와서 하는 말이, "죄송합니다. 전무님! 타사에 지원했는데, 입사 조건이 그 회사가 나은 듯합니다. 너무 죄송하지만, V사는 입사하지 못하겠습니다!"는 것이다. (결국 중복 지원 후 연봉 이슈로 인해 타사로 이직 결정)

◆ S사(식품회사) / MES개발담당 / 연봉 6천만 원
지금까지 헤드헌터 활동 중, 나에게 심적, 시간적으로 고통과 피해를 가장 많이 준 후보자이다. 추천 이후 면접 관련 연락을 해도, 본인이 현재직회사의 모든 업무 종료 이후, 심지어 그 다음 날 연락내용에 대해 피드백을 주곤 했다. 그리고 본인만을 위해서, '통근 버스가 있느냐?', '출퇴근 거리가 너무 먼데, 이 경우 통근수당이 지급되느냐?', 또한 2차

면접은 S사의 임원이 진행을 하는데, 면접 당일 아침에 연락해서 면접 일정을 조정해 달라는 등 과한 요구가 많았다.

심지어, 후보자가 합격한 후에도 일정 변경이 너무 잦았다. "차라리 입사를 안 하시는 게 어떠냐?" 하고 질문해도, 아무런 답이 없다가, 결국은 그동안의 제반 요구사항을 모두 뒤로 한 채, 입사를 거부했다. 거부 사유는 '출퇴근 거리가 너무 멀다'라고 핑계였다. 결국 필자가 입사 거부를 취소한 케이스이다.

두 번째는 입사 취소 사례이다.

◆ B사(외국계 회사) / Mechanic & Electronical Field Service Engineer / 연봉 6천만 원

2023년 3분기 포지션 제안을 수락한 K후보자는, B채용사에 지원 이후 서류전형 통과, 1차 대면면접, 2차 온라인 영업 면접(해외 주재 인사팀), 3차 외국 본사 CEO와 화상 영어면접 이후, 최종 연봉 6천만원으로 Final Offer Letter를 받은 후 출근이 확정되었고, 출근 확인 후 당사는 매출 세금계산서를 발행했다.

그런데, 출근 이틀 후 인사담당자가 연락해 "전무님! K님에 대한 세금계산서 발행 취소해 주세요." 라고 하는 것이다. 사유를 물어보니, "그 후보자가 채용사의 동종업계인 Q사의 대표이사 아들입니다." 라는 것이다. 출근 당일 B사의 대표가 K후보자에게 "오늘 B사에 출근하니 기존 회사의 대표님은 어떠셨어요?" 라고 물었더니 "안 좋아하시죠"

"그러면 집에 아버님은 어떠셨어요?" 라고 묻자 "저희 아버님은 B사에 입사한 것을 매우 기쁘게 생각합니다." 라고 답했다는 것이다. 전직 회사의 대표와 후보자의 아버님은 동일인이었던 것이다. 이런 사실을 B사의 한국 대표가 시장 방문 중 고객사의 담당으로부터 그 정보를 입수해 "혹여, B사의 기술 유출 의도가 있지 않나 해서" 결국은 입사 취소 결정을 한 사례이다. 이런 경우 해당 헤드헌터가 이런 개인의 정보까지 어떻게 인지할 수 있겠는가? 정말 황당한 사례였다.

마음과 마음, 그 사이

이제욱

코로나로 인한 지난 3년간의 나라 간 커뮤니티와 대면 관계의 봉쇄는, 내 삶과 직업 역시 예상치 못한 방향으로 전환시켰다. 스마트폰과 노트북으로 생면부지의 의뢰 회사 인사팀 직원, 그리고 후보자 간의 의견을 조율하고, 기업과 후보자 양자 간에 맺어진 수십 건의 귀중한 인연에 매개자 역할을 하였다. 도대체 그런 일들은 왜 발생했을까? 그리고 가능한 일이었을까?

2021년 3월 말 들판에 봄꽃이 만개하는 봄날, 두 분이 최초로 입사함으로써 나는 명실공히 헤드헌터가 되었다. 헤드헌터 일을 시작한 지 3달 만의 성과였다. 해외 영업이 내 커리어의 주축이어서 영업과 마케팅, 홍보 분야 인재의 서칭과 추천을 업무 초기에 염두에 두었으나, 입사 성공사례의 시작과 이후 다수의 사례들은 제조기업의 엔지니어들이었다.

합격자 두 명 중 한 분은 전문학사 출신으로 학점은행에서 컴퓨터공학을 전공한 펌웨어 컴퓨터 엔지니어였다. K사 연구소 R&D 분야 공채를 진행했는데, 당시 인사팀과의 유선 통화에서 "부장님, 추천해 주신 P씨 경력 좋은데요." 라고 혼잣말로 되새겼던 기억이 선명하다. 합격자 P씨가 수도권 주요 대학들과 지방거점대학 컴퓨터공학 출신보다 인사팀으로부터 더 높게 평가되었던 것에, 추천 당사자인 나는 내심 의아했다. 헤드헌터 초기여서 입사 지원해 주신 P후보자가 고마워서, 외견상의 좋은 학력은 아님에도 불구하고 K사 인사팀에 단 한 순간의 망설임도 없이 추천을 진행했다. 비 컴퓨터공학도로서의 나는 그의 이력서가 명료하면서도 잘 정리되어 있어서, 무엇보다 고마운 마음에 단순히 서류를 전달하였는데, 헤드헌터 커리어상 첫 합격자가 되어 주셔서 지금도 감사하다.

   P씨와 인사팀 간 입사 마지막 관문인 연봉과 직급 협상이 시작되었다. 합격자는 인사팀에서 제시한 연봉을 탐탁치 않게 생각했다. 나로서는 헤드헌터 생활을 시작한 지 3개월이 지나 처음으로 최종 합격한 후보자이기에 이 분이 꼭 입사해야 한다는 조바심이 커져 갔다. 그러한 조바심과는 정반대로, 인사팀의 최종 연봉 조건을 후보자에게 전달하는 내 목소리는 매우 건조하고 간결했다. 아마도 합격자가 그 처우를 받아들여 입사하겠는가 하는 내 나름대로 절반은 자포자기한 마음이 담겼을 것이다. 예상과 달리 후보자는 회사의 처우 제시를 그대로 받아들여 입사하였다.

   후보자의 합격과 입사가 간절하고 그로 인한 경제적 혜택인 수수료가 경제활동 영위와 삶에 중요한 것이 우리 헤드헌터들이다. 그러나, 회사와 후보자 간의 협상 과정에서 양쪽의 의견과 입장을 가감 없이, 그러나 예의 바르고 곡해가 없도록 간결하게 전달하는 것이 무엇보다도 중요하다고 느꼈던, 내 생애 첫 후보자의 입사 성공사례이다.

K사는 나의 장기적인 헤드헌터 생활에 큰 힘이 된 기업이다. 이후 동남아시아 패키징 라인 증설과 신규 계열사의 엔지니어 인력 확충에 연속적으로 주요 합격자를 배출한 바 있다. 이 지면을 빌어 K사 인사팀에 깊은 감사의 말씀을 드린다.

여성 가구 디자이너 C씨, 그리고 내 마음 속의 작은 별 L씨는 언제나 좋은 기억 속에 하나이다.

OOO라는 브랜드로 잘 알려진 M사는, 재무, MD, 마케팅, 그리고 디자이너 등 회사의 주요 부문의 경력 인재 채용을 수년 간 함께 한 바 있다. 디자이너 부문의 C씨는 합격한 후 그녀가 재직 중인 회사 대표님의 개입으로 M사 이직이 불발된 사례이다. 내 뇌리에는 너무나 명확하게 각인된 후보자이다. 물론 작은 별 L씨와 함께 말이다.

2021년 늦은 봄, 가구 디자이너 팀장 채용에 응시한 C씨는 수상 경력이 화려한 가구 전문기업 E사의 주력 디자이너였다. 근래에 유행하는 SPA 인테리어 가구 경향에 맞추어 C씨는 주요 SPA 기업인 M사 입사에 큰 관심을 보여 나를 통해 지원하였다. 그녀는 마치 여동생과 같이 조곤조곤한 속삭임으로 부탁했다. "부장님, 제가 업무가 너무 밀려서요, 그리고 워드 작업을 할 수 없는 형편인데, 보내드린 자료를 정리해서 이력서 양식으로 맞추어 주실 수 있을까요?"

무슨 생각이었을까? 나는 상냥한 부탁에, 그녀가 메일 본문에 텍스트로 나열해 준 학력과 경력 그리고 수상 경력, 개발한 소파 목록과 이직 사유 등을 나름대로 정리해서 초안을 그녀에게 보냈고, 그녀가 마지막으로 감수한 후 M사 인사팀에 전달하였다.

M사 인사팀에서 반색을 하여, 인적성 검사가 진행되고 면접 일정이 제시되었다. C씨는 합격 후, 입사를 연말까지 미루어 진행할 수 있을지 문의하였다. 재직 중인 회사에서 대학원 학비를 지원받았기에 도의상 연말까지는 맡은 업무를 일단락하고 떠나고 싶다는 의지였다. 하지만 M사 인사팀의 완곡한 거절로 C씨와의 인연은 1차 불발되었다.

여름이 지나고 가을이 깊어 가던 2021년 11월, M사는 디자인 팀장 포지션의 재오픈과 후보자 발굴을 의뢰했다. 문득 C씨가 생각나서, 인사팀 과장님께 "지난 상반기에 현직 사정으로 인해 면접 포기하신 C씨를 다시 추천해 보고 싶은데 괜찮으실지요." 라고 조심스럽게 문의하였다. 일반적으로 면접과 입사 제의를 거절하거나 포기한 후보자는 회사 인사팀에서 반기지 않는 분위기이나, M사 인사과장님은 "그래요? 한 번 시도해 주세요" 라고 수락하였다.

저녁 시간에 C씨에게 전화했다. "오랜만이네요, 요새 좋은 포지션이 오픈되었나요?" 라는 나름 반가워하는 그녀의 목소리가 들려왔다. 나는 지난 봄에 중단되었던 M사 가구 디자이너 포지션을 그녀에게 소개했다.

"그렇지 않아도 박수칠 때 떠나야죠. SPA로의 커리어 전환도 생각해 왔고, 추천 진행해 주세요."

그녀의 이력서는 지난 봄, 그녀와 내가 수일간 가다듬었던 그대로였으나, 다시 지원하는 케이스인 만큼, 진솔하게 그녀의 현 직장에서의 상황과 미래의 포부를 곁들였다.

M사 인사팀에서는 3차례에 걸쳐 그녀와의 집중 인터뷰를 진행했다. 모두 나를 바이패스하고 인사팀과 후보자 간 직접적인 커뮤니케이션으로 진행되었다. 겨울로 접어드는 12월 중순 어느 날 밤, 그녀에게 전화가 왔다. "잘 계셨죠? 그렇지 않아도 중간에 전화드렸어야 하는데, 신경 써 주신 덕분에 합격했어요. 그런데 회사에서는 저에게 과장을 제시했어요. 그래서 상담 좀 하려고 전화했어요"

그녀는 자신이 취학 연령의 예쁜 딸 육아를 시어머니께 부탁드리고 멀리 수도권에서 서울로 일터를 바꾸어야 함에도, 회사에서의 과장급을 제시했음에 불만을 제기했다. 나는 그녀에게 입사를 포기하더라도 직급만큼은 차장으로 보장받기를 강하게 제시했다. 그리고 그녀는 차장 초임 팀장으로 M사 가구 디자인 부문의 최종 입사 제안을 받아들였다.

1월 첫 주 정오에 그녀에게서 전화가 왔다. 불길한 예감이 머리 꼭대기를 스쳤다.

"저기, 저 정말 힘들어요. 제가 회사를 옮긴다는 소문이 사내에 다 알려졌어요. 사장님이 저 붙잡고 M사 입사 포기하라고 종용하네요. 급기야 M사에 자신이 이미 공문을 보냈다고. 그리고 제가 일하는 데 오셔서 다들 들으라고는 '야, 내가 애 못 떠나게 막았다', 그러셨어요. 정말 죄송해요. 제 남편도 사내 커플로 근무 중인데 모두에게 미안해요"

좋지 않은 일은 어깨동무하고 같이 온다는 말이 있다. 그 당시 C씨 채용과 함께 진행했던 상품기획 MD 부문에 합격한 L씨가 기억난다. 그녀 역시 좋은 학력과 국내 주요 홈 키친사인 R사 해외 부문의 경력으로 무난히 합격하였고, 이례적으로 M사 인사팀에서 평판 조회를 나에게 직접 의뢰했다. 합격자인 L씨가 지목한 지인 5명에게 유선과 메일로 현황을 소개하고 평판 조회를 의뢰하였다. L씨의 M사 입사 의지를 믿어 의심치 않았다.

믿었던 그녀마저, C씨의 입사 포기 바로 다음 주에 타사에 입사하게 되었다며 M사 입사 제의를 냉담하게 전달해 왔다. 새해 벽두에 두 명의 동시 입사 포기는 정말로 당황스러웠고, 나는 우스갯소리로 동료들에게 "큰 별, 작은 별, 저 하늘에 반짝이는 두 별, 어디로 저물었나?"라며 마음을 달랬었다.

당시를 회상하면 2천만 원이 훌쩍 넘는 성공 커미션도 중요했지만, 오랜 기간 정성을 다해 후보자를 추천하던 고객사에 미안한 마음이 더 컸었다. 좀 더 솔직히는 추후 그 고객사와의 협력관계가 단절될 것에 대한 두려움이었다고 생각된다. 하지만 그 다음 달, 타 상품 MD 부문에 최초로 입사를 결정한 후보자로 인해, M사와는 그로부터 2년 이상 좋은 관계를 유지해 왔다.

P사 인사팀 캡틴으로 새출발한 야구선수 이야기를 소개한다. 2022년 연말이 다가오는 어느 날, P사에서 안전보건 분야 경력사원을 추천해 달라는 요청을 받아 진행하고 있었다. 그런데 인사팀의 대리님으로

부터 연락이 왔다.

"저기 부장님, 안전보건은 일단 미루시고, 우리 신입사원 후보자 추천을 급하게 부탁드릴게요. 저희가 연말 내로 채용을 마무리하려고 하니 다음 주 초까지 좋은 분들 추천 부탁합니다."

나에게 주어진 시간은 4일, 목, 금, 토, 일, 단 4일 이내에 인사팀 신입사원 후보자를 추천해야 했다. 경력사원과 달리 신입사원 추천은 쉬울 것 같았지만, 막상 시도하려니 막막했다. 그때까지 신입사원 후보자 물색과 추천은 해본 적이 없으니 말이다. 경력사원과 달리 학교와 전공, 영어, 학점 외에 어떤 요인을 투입해서 후보자를 물색해야 할지 난감했다.

급한 대로 주요 잡포탈의 후보자 검색 칸에 '신입, 인사, HR, 채용, 강원도'로 검색을 시작했다. 총 3명의 후보자가 내가 보낸 채용 소개 메일에 회신했고, 그들 모두에게 바로 전화했다. 일요일까지 이력서를 간결하게 정리해서 보내 달라는 요청과 함께. 한 명은 서울의 유명 사립 D대 자연과학대 졸업 예정자인데, 고향이 강원도여서 근무를 희망하였다. 또 한 명의 후보자는 강원도 내 주요 대학을 졸업하고 HR 분야 자격증을 취득한 졸업 예정 학생이었다. 마지막 한 명, H후보자는 T대학교 야구부 외야수 출신이었다. 고향은 강릉이고 아마추어 야구선수였으나 국내 프로야구단의 지명을 받지 못하고, 졸업 후 강원도 스키리조트에서 아르바이트 중이었다.

P사 인사팀에서 세 명의 후보자를 대상으로 온라인 인적성 검사를 시행하였고, H후보자 한 명만 검사를 통과해서 면접 대상으로 선발되

었다. 돌이켜 생각해 보면, 인적성 검사의 진위나 목적을 어쩌면 곡해할 수도 있다고 추정된다. 회사 인사팀에서는 H씨를 이미 입사 대상으로 낙점하고 임원진과 대표이사가 쉽게 판단할 수 있도록 말이다. 인사 팀 내에서 함께 일해야 하는 신입사원이고, 야구선수 출신이 적임이라고 선배 동료 인사 팀원들이 판단했다고 추정된다.

P사 인사팀 대리님은 'H씨가 서울의 P사 본사에서 대표이사와의 면접 예정되어 있습니다. 이 분 이력서를 부장님께서 한 번 다듬어 주시기 바랍니다.' 라고 했다. 이 대목에서 나는 인사팀에서 야구선수 출신인 H씨를 인사팀 막내로 채용하겠다는 강한 의지를 확인했다. 인사팀에서 후보자의 이력서를 대표이사가 한 눈에 판단할 수 있도록 가다듬어 달라는 이야기였다.

H의 이력서를 간결하게 정리한 후, 면접 전날 저녁에 후보자와 길게 이야기를 나누었다.

"H씨, 대표이사님과 같은, 회사 생활에서 잔뼈가 굵은 간부들은 후보자가 면접 자리에 착석하는 순간 합격, 불합격 여부를 그 순간 마음속으로 굳히는 것으로 알고 있습니다. 이력서를 검토하고 질문과 답변을 나누는 것은 단지 자신의 결정에 오류가 있을지에 대한 검증 차원일 뿐이죠"

"저도 그럴 거 같은데요. 처음에 부장님 전화 받았을 때 솔직히 제가 합격할까 의심했어요. 저 같은 운동선수 출신에게 HR 업무를 제안했다는 것에 반신반의했습니다. 부장님 말씀대로 대표님과의 면접을 자신 있게 진행하겠습니다."

나는 마지막으로 당부했다. "묻는 말씀에는 항상 결론을 먼저 밝히시고, 보충 설명은 되도록 간결하게 성의껏 해주세요. 그것으로 충분합니다."

H씨는 합격했고, 내가 배출한 수십 명의 합격자 중 이름과 당시의 정황이 또렷하게 기억나는 기분 좋은 후보자였다. 운동선수 출신이라는 편견과 달리 몇 번에 걸친 전화 통화에서, 예의 바르면서 자신 있는 그 목소리가 아직도 생생하다. P사 인사팀의 캡틴으로 훌륭한 커리어를 키워 가시기를 기원한다.

P사와는 이후 협력이 이어지지 못했다. 이유는 모르겠으나 그 회사에서 경력직 채용을 인사팀 내부에서 소화해서 그런 것으로 추정된다. 비용 절감 차원이었을까?

헤드헌터로서 활동하면서 인풋 대비 아웃풋, 즉 후보자 발굴과 추천에 소요한 시간 대비 입사로 이어져 커미션을 수령하는 효율에 있어서 업종과 회사마다 천태만상으로 차이가 나기 마련이다. 결론적으로, 추천한 후보자를 덜 까다롭게, 그리고 **빠른** 기간 내에 채용하는 회사가 우리 헤드헌터들에게 최고의 우량기업이라고 생각된다. 그런 측면에서 속된 표현으로 가성비가 매우 좋지 않았던 기업과 업종이 생각난다.

제주도의 외국자본 M리조트와, 업종으로는 마케팅 대행사였다. 코로나의 장기화로 중국 관광객들의 방문이 뜸해진 M리조트는 2021년도에 전년도에 대거 퇴사한 인력의 확충을 통해 경영 정상화를 모색하고 있었다. 나는 1년 동안 인사, 재무, 감사, 식음료 등 다양한 직무 부문에 추천을 의뢰받아 성심껏 진행했다. 당시 내 마음속에는 '합격자를 배출해서 제주도 가족여행을 M리조트에서 즐기겠다.'는 희망이 강하게 지배했는데, 지금은 왜 그랬을까 의문이다. 1년간 추천한 후보자만 30여 명 이상, 면접에 응시하고 합격하여 연봉협상까지 도달한 후보자만 여섯 명이었다. 그러나 모두 처우 협의에서 입사가 불발되었는데, 근무지가 제주도이고, 코로나 장기화로 처우 역시 지역적인 고립을 상쇄할 수준에 훨씬 미치지 못했기에 후보자들이 발길을 돌리게 되었다고 추측하는 바이다.

2021년 헤드헌터 신입 시절에 제일 먼저 진행했던 채용 분야는 마케팅 대행사의의 마케팅 경력직 부문이었다. 나는 현업에서 해외영업과 전략마케팅 부서에서 오래 근무한 관계로, 마케팅 분야의 수요와 인재상에 나름 익숙하다고 판단한 것이 미스였다. 약 6개월 동안 국내외 주요 광고 홍보 에이전시의 채용의뢰를 제안받아 100여 명 이상을 추천했으나, 채용 자체가 어려웠다. 단 한 명의 입사 성공도 없다. 많은 후보자들이 기업 내부의 마케팅, 홍보 부서에서 근무하려는 경향이 절대적이어서, 의뢰기업과 후보자들 간의 눈높이를 맞추는 것이 너무나 어려웠다.

마지막으로 최근의 성공사례 중 기억에 남는 케이스를 소개한다. 2023년 봄 피플케어 코리아로 채용의뢰가 접수되어, 우리 회사 대표님의 배려로 내가 후보자 추천을 진행하게 된 사례이다. 전기차 산업의 급성장에 따라, B사도 기존의 소재 제품 제조에서 업종을 전환하여 2차전지 소재 분야로 대규모 투자를 진행하던 중, 외국의 전기차, 배터리 산업클러스터 내 현지 생산법인 증설에 따른 파견 요원을 채용하는 건이었다.

생산기술 부문이 주요 채용 분야였는데, 채용 핵심 키워드는 '국내외 배터리 제조사의 품질심사 대응' 경력과 '영어 능력'이었다. 인사팀에 전화해서 자세하게 문의하였다.

"우리나라 배터리 제조 3사와 품질 업무를 해 보신 분 추천 부탁합니다. 특히, 전기차 대상으로 제품의 승인 업무와 소재 물성 개발 업무를 겸하셨다면 좋구요. 경쟁사 출신이면 더 바랄 나위가 없습니다."

인사팀 매니저님의 배경 설명 덕분에 잡포탈과 링크드인 등을 샅샅이 살펴보면서 회사의 경력직 채용을 제안하였다. 그중 한 후보자의 면접이 성사되어 일사천리로 전형이 진행되어 합격하였다. 지방의 L사 2차전지 분리막 생산기술 경력자였는데, 처음 통화부터 서류전형 합격과 두 차례의 면접 전형 각 단계에서, 이야기를 나눌 때마다 매너도 좋고 입사 의지가 충분하다고 판단되었다.

그런데 합격 소식을 전하고 회사 인사팀의 입사 안내를 문자로 전했으나 묵묵부답 회신이 없었다. 저녁에 다시 한번 유선으로 합격 소식을 전했으나 후보자의 반응이 180도 바뀌어 있었다.

"정말 죄송하지만 그냥 현재 직장에 남아 있기로 마음을 굳혔습니다. 미리 말씀드렸어야 하는데 죄송합니다."

나는 보다 상세하게 입사 거절의 사유를 문의하였다. 혹시라도 합격자의 마음을 돌릴 수 있는 실마리를 찾기 위해서.

"아무래도 2차전지 분야에 보다 더 좋은 기업에서의 기회를 기다리는 것이 좋겠다고 판단되었습니다"

잦은 이직보다는, 더 확실한 한 번의 기회를 기다리겠다는 그 합격자의 의사를 존중하고, B사 인사팀에 들은 바 그대로 전달하였다.

이런 경우 담당 헤드헌터는 매우 힘이 빠진다. 겪어 보신 분들은 다들 공감할 것이다. 단순한 수수료 문제를 떠나 사람에 대한 판단 미스에 대한 자책, 일말의 불신과 우리 직에 대한 회의까지 콤보로, 쓰나미와 같이 복합적인 감정이 밀려든다. 이를 단시일 내에 극복하고 평정심과 중심을 잡는 것이 유능한 헤드헌터 일 것이다.

그로부터 수 일간, 다른 회사의 의뢰 건에도 잘 집중되지 않는 정신적 아노미 상태를 겪었다. 좋은 기업을 진행하라고 배려해 주신 피플케어 회장님에게도 면목이 서지 않아서였을 것이다. 그 수 일의 기간 동안, 우연하게도 B사의 경쟁사에서 생산기술 업무를, 그것도 JD에 정확하게 일치하는 후보자를 발견하고 곧바로 그 순간 메일과 문자로 제안했다. 평일 업무 시간 중인데도 불구하고 휴대폰으로 전화를 했다. 후보자의 답변도 시원했다.

"네, 헤드헌터님, B사 포지션으로 전화하신 거죠? 퇴근 후에 메일로 이력서 보내드리겠습니다. 그렇잖아도 한 직장에서 7년 근무하면서 권태롭고 해서 변화가 필요해서요."

예상대로 그분은 합격하여 입사하셨다. 다만, 후보자께서는 면접단계부터는 B사의 인사팀과만 직접 소통하고, 담당 헤드헌터인 나의 전화와 문자는 멀리했다. 생각컨대, 과거의 어떤 계기에 우리 헤드헌터에 대한 모종의 불신이 마음속에 각인된 것이 아닐까 생각된다.

3년간의 헤드헌터 생활에서 기억에 남는 후보자들과 여러 사례들을 소개했다. 헤드헌터로 입문을 고려하시는 분에게 나는 이렇게 말씀드리고 싶다.

"우리 일은 사람의 마음을 사야 하는 일이므로 많이 어렵습니다. 그런데 그 어려운 일에 싫은 마음이나 거부감이 들지 않아야 하는 것이 입문의 첫 관문입니다. 아니 오히려 그 일에 매력을 느껴야만 우리 일을 천직으로 오랫동안 계속할 수 있습니다."

매 순간 몰려오는 의구심과 불안함, 후보자의 변심과 속칭 잠수, 인사팀과 회사 측의 포지션 변경 등 무수한 변수 속에 발생 되는 스트레스와 갈등을 되도록 단시간 내에 극복해 내야만 롱런이 가능하다. 그래서 헤드헌터 업무가 마음속에 와 닿아야만 하고, 그런 분 중에 걸출한 스타들이 배출된다고 믿는다.

인사팀에서 제시하는 단 몇 줄의 JD, 후보자 이력서의 행간을 빠르게 읽어내고, 문자와 통화상에서 그 이면을 유추해 내는 능력이 있다면 더할 나위 없이 바람직할 것이다.

"내 마음속의 희망과 상상이 아닌, 인사팀과 후보자의 메일, 문자, 전화 저편으로 들려오는 음성의 주파수를 통해 나아갈 바를 간파해 내는 능력. 내가 가다듬고 싶은 초능력이라고."

어려운 포지션은 있지만
어려운 고객사는 없다

하철호

어느 뷰티 관련 프랜차이즈 업체의 포지션을 진행하면서, 인사담당자와 상당히 많은 어려움과 내부 사정에 대해 이야기를 나눈 적이 있다. 당시 그 회사 내부의 고위 임원 한 분이 회사의 전권을 장악하고 직원들의 업무를 일일이 간섭하며 막말과 부당한 업무 지시 등, 횡포가 심해 직원 구하기가 쉽지 않아 채용을 의뢰하게 되었다. 워낙 업계가 좁다 보니 같은 업계 종사자들은 대부분 그러한 사실을 알고 있던 터라 이미 회사 이름만 대면 손사레부터 치는 후보자도 많았다. 그래서 인사담당자와 같이 고민한 끝에 내부적으로 회사의 문제점을 거론하기에는 그 고위 임원의 보복이 두려워 선뜻 나설 사람이 없다고 판단했고, 그나마 외부 조력자로서 내가 나서야겠다고 판단하여 그 고객사의 채용상의 문제점을 보고서로 만들어 인사담당자에게 전달하기로 하였고, 인사담당자는 내부 결재 과정에서 임원들 간 내용을 공유하여 대표이사까지 문제점이 보고될 수 있도록 했다.

이름하여 'R사 인재 채용을 위한 제언'이라는 제목으로, 당사 차원에서 조사한 SNS상의 고객사 이미지 실태를 장점과 단점으로 구분하고 각종 잡사이트 상에서 수집한 정보를 정리하였다. 특히, 그 고위 임원과 연관된 내용을 조금 더 부각시켜 이를 인지하기 쉽게 각색하고 '경영진에 바라는 점'도 넣어 최종적으로 완전한 하나의 보고서가 되게끔 정리해서 인사담당자에게 전달했다. 그 보고서를 받은 인사담당자는 나를 핑계 삼아 '외부의 시선에서 바라본 우리 회사 채용상의 문제점'이라는 타이틀로 내부 결재를 통해 진행하였고, 그 결과 대표이사님도 회사의 현실을 알게 되어 직접 문제가 된 그 임원을 설득해 자신의 회사 내 행위에 대해 되돌아볼 수 있게 조언을 했다. 이후 그 임원도 자각하여 이전의 문제점을 많이 수용하고 보완하려 노력했다고 한다. 그리고 동시에 각종 잡사이트에 퍼져 있는 악평에 대해 해명 댓글도 달고 소명하는 등의 적극적인 회사 이미지 관리에도 나서서 회사의 부정적인 이미지가 빠른 속도로 개선되었었다. 그러한 노력 덕분에, 그 인사담당자는 여러 번 감사의 인사를 전해왔고 아는 다른 회사 인사담당자도 몇몇 소개해주었다.

그러는 사이에 어느덧 서치펌 일을 시작한 지도 1년이 넘어가고 업체도 조금 더 늘었지만 여전히 헤드헌터로서의 일상은 쉽지 않았다.

어느 날 한 업체로부터 아프리카 A국가에 있는 자동차 제조공장에서 일할 직원이 필요한데 추천을 해달라는 요청을 받았다. 자동차 업종에 대해서는 누구보다 자신이 있었기 때문에 그 회사를 직접 방문해 회사의 사정과 필요한 인원에 대해 이야기를 듣기로 하고 담당 임원과 인사팀장을 만나 이야기를 나누었는데 정말 막막하다는 생각만 하고 집으로 돌아왔다. 왜냐하면 위치가 수도도 아닌 내륙 깊숙한 사막 근처 중소도시이고 종종 국경 근처에서는 내전도 발생해 일단 회사로 들어가면 휴가가 주어지는 3개월 전까지는 철책으로 둘러싸인 회사 내부에서만 생활해야 한다는 말을 해 들었기 때문이다. 업무는 제외하고도 날씨, 안전이 매우 열악한 곳이라 가려는 후보자가 있을까 하며 돌아왔지만 별다른 선택의 여지가 없었기 때문에 무작정 시작해 보기로 했다.

내가 어려우면 다른 헤드헌터도 어렵기 때문에 조건은 같다고 생각했다. 아니나 다를까 채용사 인사담당자 말로는 같은 채용 건으로 만난 다른 회사 헤드헌터들은 이미 못한다고 통보했다고 하는 상황이었다. 그러나 '아무리 어려운 포지션도 후보자는 반드시 있다. 그런데 나와 경쟁할 서치펌이 없다면 오히려 더 집중해서 서칭을 할 수 있는 상황이니 더 해볼 만한 일이 아닌가?' 하는 생각이 들었다.

모든 여건이 국내 일반적인 기업과는 분명 다르기 때문에 서칭에 필요한 핵심 포인트를 다르게 설정하고 열심히 후보자를 찾았다. 그런데 정말 과정은 순탄하지 않았다. 대부분의 후보자가 단순히 위험하다는 생각에 지원을 꺼렸고 그나마 지원한 후보자는 면접 중간에 가족의 만류로 지원을 포기하는 일이 속출했다. 그런데 뜻이 있으면 길이 있다고 정말 찾을 수 있다는 믿음으로 포기하지 않고 찾다 보니 적임자가 나오기 시작했는데 예상대로 지원자는 일반적인 후보자와는 분명 다른 사연이 있는 후보자였다.

설비보전과 품질관리 두 개의 포지션을 진행했는데, 설비보전에 지원한 후보자의 경우 당시 사회적으로도 뉴스거리가 되었던 모 화력발전소에서 일하던 직원이었다. 그 발전소에서 동료가 업무 중 설비에 끼어 사망하는 사고가 생겼는데 사고나 이후 수습과정에서 아무것도 해 줄 수 없다는 동료로서의 자괴감과 트라우마에 그 직장을 그만두고 지원하게 되었고, 품질관리에 지원한 후보자는 지나치게 음주를 좋아해서 술을 끊고 싶어 술을 마실 수 없는 이슬람 국가로의 지원을 선택한 후보자였다.

두 후보자 모두 사연이 있었기에 혹시 입사해서도 회사의 부적응자가 되지 않을까 하는 생각에 입사 후에도 꾸준히 연락을 취하고 고민을 같이 나누기도 하다 보니 무사히 회사에 적응을 할 수 있었다.

마지막 일화는 모 전자 회사의 금형 관리 포지션에 입사한 후보자의 이야기이다. 그 후보자의 경우 채용사의 바로 옆 회사에서 근무하던 직원으로, 채용사가 규모도 크고 복지도 좋아서 같은 직무의 채용이 나오기를 기다리고 있던 차에 내가 추천을 하게 되었고 후보자도 흔쾌히 지원하여 일사천리로 서류전형에 합격하고 1차 면접까지 합격하였다.

그런데 문제는 여기서부터 생기게 되었다. 후보자는 1차 면접 합격하고 최종 면접을 앞둔 상황에서 재직 중인 팀의 팀장에게 이 사실을 알렸는데 그 사실을 안 팀장은 이직이 불가하다고 알렸다고 한다. 이유는 아주 오래전부터 두 회사 간 대표가 잘 아는 사이로 경쟁업체는 아니지만 직무상 겹치는 업무가 많아 서로의 인력을 빼가지 않도록 협약을 맺었다는 것이다. 아주 오래전 맺어진 협약이고 최근에 사례가 없어 후보자 본인도 채용사의 인사담당자도 모두 이러한 사실을 모르고 진행했던 것이다.

  그래서 어쩔 수 없이 최종 면접을 앞둔 상황에서 후보자의 채용이 보류되었다. 후보자는 채용사에 꼭 입사하고 싶었는지 이후에도 나에게 방법이 없는지 수 차례 문의해 왔지만 달리 방법이 없는 상황이었다. 나 또한 채용사에도 방법을 수 차례 문의했지만 후보자가 먼저 그만두지 않은 이상은 도의상 어쩔 수가 없다는 답변뿐이었다. 후보자가 재직하고 있던 회사에서도 이직을 적극적으로 막던 상황이라 더욱 난감한 지경이었다. 경쟁업체가 아닌데도 불구하고 두 업체 대표 간의 협의에 의해 후보자가 원하는 회사에 가지도 못하는, 정말 보기 드문 상황이었다. 그래서 후보자에게 추후 더 적합한 회사를 소개해주기로 하고 일단 단념시켰다.

  그런데 며칠 후 후보자로부터 다시 전화가 왔다. 일단 이직하려고 마음을 먹고 1차 면접까지 합격한 상황이었다 보니 일이 손에 잡히지 않아 도저히 재직 중인 회사에 다닐 수가 없다는 말이었다. 그 말을 듣고 곰곰이 생각해 보니 도의를 지키는 것도 중요하지만 저렇게 가고 싶어 하는 후보자를 묶인한다는 것은 직업 선택의 자유를 빼앗는 것이 아닌가 하는 생각이 들었다. 그래서 앞서 인사담당자가 말한 '먼저 그만두지 않는 이상'이란 단서가 생각나서 인사담당자에게 후보자가 재직 중인 회사를 그만둔 상황이면 입사가 가능한지 문의했다. '그만둔 상황이면 막을 이유가 없지는 않겠습니까'하는 답변을 들었다. 그런데 또 한 가지 문제는 아직 최종 면접을 안 본 상태라 자칫 최종 면접에서 탈락할 수도 있다는 것이었다. 이런 상황을 후보자에게 설명했는데도 후보자는 막무가내로 면접은 본인이 잘 준비해서 무조건 합격하도록 할 테니 꼭 최종 면접을 볼 수 있게만 해 달라고 하였고, 채용사 인사팀에 전달하니 그럼 재직 중인 회사를 퇴사하고, 한 달 후 연락을 달라고 했다. 그때 최종 면접관이신 대표님께 보고해서 면접을 진행하겠다고 했다. 답은 얻었지만 어떻게 보면 조금은 무모한 일이었다.

  그 이후 후보자는 재직 중인 회사에 퇴직 의사를 표시하고 업무를 인수인계하고 몇 주 뒤 퇴사하였고 정확히 한 달이 지난 뒤 이러한 사실을 채용사 인사팀에 알리니 인사팀에서도 상황을 대표님께 보고하고 최종 면접 일정을 확약 받았다. 약 한 달간 수입이 없었던 후보자는 혹시 최종 면접에서 탈락하면 얼마나 많은 시간을 무직으로 쉬어야 할지 모르는 상황이라 면접 준비를 아주 열심히 했다. 나 또한 만일 후보자가 탈락한다면 후보자 가족의 생계를 책임져야 하는 가장의 책무를 방조한 데 따른 책임에서 자유로울 수 없다는 생각에 면접에 대비해서 많은 정보와 실전 연습을 병행해서 제공해 주었다. 그렇게 간절히 원하고 열심히 준비한 덕분에 후보자는 최종 면접에 합격할 수 있었다. 결과가 해피엔딩으로 끝나서 지금을 자랑스럽게 이야기할 수 있지만, 자칫 후보자의 인생을 어렵게 하고 헤드헌터로서의 오점을 남길 수 있었던 일이었다. 그러나 나름 사명감을 다해 일했다는 것에 대한 자부심이 남는 일이었다.

  이렇듯 나의 평소 경험하지 못한 스토리로 채워지는 순탄치 않은 프로젝트의 연속이었지만, 그렇게 해서 헤드헌터로서의 삶은 알차게 여물어 갔다. 나의 이러한 이야기를 자주 전해 들은 동료들은 가끔 어려운 고객사가 생기면 내가 먼저 생각나고 나에게 그 고객사를 맡기고 싶다고들 한다. 그런 동료에게 언제나 한결같은 답을 한다. '어려운 포지션은 있지만 어려운 고객사는 없다.'고…….

  누구나 개인적인 사정이 다르고 자신의 눈높이를 알기 때문에 그에 맞는 회사를 찾게 되고 그러다 보면 누군가는 그 어렵다는 회사도 지원하는 후보자가 있으니까. 오늘도 나는 나에게 일을 맡긴 고객사에 감사하며 후보자를 찾아본다.

우리는 헤드헌터 입니다

4부

우리의 미래는 사람이다

1. 대한민국 헤드헌팅 시장은? 홍순만
2. 우리 모두가 메달리스트 은희주
3. 전망(맺음말에 겸하여) 신중진

대한민국 헤드헌팅 시장은?

홍순만

헤드헌터는 아래와 같은 이유에서 매력적인 직업이라고 생각한다. 첫째, 시간, 장소, 조직에 얽매이지 않고 편하게 근무할 수 있는 근무환경이다. 둘째, 실적이 좋으면 하나님 은혜, 실적이 안 좋으면 내가 열심히 하지 않음으로 내 탓. 즉, 다른 핑계나 억울함이 생길 수 없어 정직하다. 셋째, 라이센스 없이 착수할 수 있는 준전문직이다. 넷째, 내가 자본금을 투자하지 않아도 된다. 다섯째, 대고객 스트레스가 상대적으로 낮다. 즉 잘 매칭하면 구인 회사 및 구직자들에게서 감사와 칭찬을 받을 수 있다.

성공한 헤드헌터로서 오래갈 수 있는 요건이 있다. 첫째, 끊임없는 자기관리(지력, 체력, 대인관계력). 둘째, 호기심, 도전성, 끈질김이다. 셋째, 통찰력, 압축 정리 능력, 입장 바꾸어 생각하는 지혜이다.

나 역시 3년 차 새내기(?) 헤드헌터이기 때문에 내가 몸담고 있는 헤드헌팅 시장이 어떻게 생겼는지 많이 궁금하였다. 그러나 동 산업에 대한 공식적인 통계자료 등이 아직까지는 없는 관계로 나는 이런저런 데이터를 모아 추리력(?)을 발휘하여 시장 분석을 해 보았다.

한국의 헤드헌팅 시장 규모는 약 4,000~5,000억 원 사이로 추정한다. 이를 헤드헌터의 수입의 입장에서 해석하면 약 3,000만 원이고 연간 약 3.3만 건 정도가 성사되며 이를 월별로 따지면 약 2,700건 정도가 될 것으로 본다. 즉 워킹데이 기준으로 하루에 약 100명 정도가 헤드헌터를 통해 출근한다고 볼 수 있겠다.

국내에서 활동하는 헤드헌터의 숫자는 약 8,000명에서 10,000명이 되겠다. 이 중에 3억 이상의 매출을 올리는 헤드헌터는 3% 정도로 추정하고 이들이 전체 매출의 약 30%를 차지하며, 1억 이상 매출을 올리는 헤드헌터는 전체 인원의 10%로 추정되나 이들이 전체 시장의 60% 이상을 차지하는, 어떻게 보면 프로스포츠 선수들의 양상과 비슷한 모양을 취한다고 볼 수 있겠다.

호기심에서 대한민국의 공인회계사의 숫자를 확인해 보았더니 약 16,000명이고 세무사는 14,000명이며 의사의 숫자는 약 10만 명인 점을 감안하면 전국 의사 숫자의 약 1/10이 헤드헌터의 숫자이고 공인회계사보다는 적다는 것을 확인할 수 있었다.

구인하는 회사의 입장에서 구인 포지션별로 보면, 10년 미만의 주니어급 채용이 전체의 60~70%이고 10년에서 20년 미만의 중간관리자급의 채용은 전체의 30%이며 나머지 5% 정도가 고위관리자나 임원급의 채용이라고 보면 될 것 같다. 직종별로 보면 영업/마케팅 직군이 약

30%, R&D 연구직군이 20%, 기획/회계/일반 사무직군이 20%, IT/정보통신직군이 20%, 경영/법률/금융/전문직군이 10%가 되겠다

그렇다면 헤드헌터는 매력적인 직업인가? 미래 전망은 어떤가?

금이 있고 은이 있고 동이 있다고 치자. 물은 위에서 아래로 흐른다. 예외는 있겠지만 구직자는 더 많은 연봉이 허락되는 더 안정적인 직장을 원한다. 기업과 인재의 거래중재자가 헤드헌터이다. 기업은 은을 동일한 은가격이나 동가격으로 구매하길 원하고 인재는 은을 적어도 동일한 은 가격이나 금 가격으로 팔길(?) 원한다. 이 mismatch를 perfect match로 바꾸는 것이 바로 헤드헌터이다.

국내의 헤드헌터보다 해외 헤드헌터들은 훨씬 luxury한 게 사실이다. 싱가폴 같은 나라에서 근무한 주재원들의 경험담을 들어 보면 싱가폴의 헤드헌터의 이미지는 고소득층의 30~40대의 전문직 여성의 이미지라고 한다. 실제로도 그렇다. 마치 부동산 중개인과도 같다. 국내 부동산 중개업자들을 luxury하다고 보지 않지만 실제로 미국과 유럽의 고급 부동산 중개인들은 넷플릭스 등에 소개된 것처럼 고액연봉자들이 많다.

하지만 어느 프로의 세계가 그렇듯, 고액의 수입을 창출하는 헤드헌터가 있는 반면, 실적이 없어 생계를 영위하기 쉽지 않아서 그만두는 헤드헌터들도 있다.

마지막으로 과연 20~30년 후의 헤드헌팅 시장은 어떻게 바뀔 것이며 미래에도 지속 가능한 직업이 될 수 있을까? 이 질문에 대한 대답은 쉽게 내리기 어려울 것 같고, 나도 새내기 헤드헌터로서 일반적인 상식 수준의 답변하고자 하면 다음과 같다.

우선, 대한민국의 GDP의 성장률과 기업환경과 연관이 있겠지만 생산가능인구의 감소와도 연관이 없을 수 없을 것 같다. 즉, 향후에 기업이 필요로 하는 인력의 수급이 만만찮을 수도 있고 상대적으로 기존 세대보다 상대적으로 이직이 잦은데 대비하여 신세대들에의 잦은 이직 등과 맞물려 기업의 구인난이 지속될 수 있다는 점이다. 아울러 기존 세대보다는 헤드헌팅에 좀 더 친밀한 신세대들이 헤드헌팅을 자연스럽게 이해하고 받아들일 가능성이 점점 높아질 것이다.

또한 인공지능의 도입으로 향후 인공지능 헤드헌터가 나올 수 있는 가능성을 배제할 수는 없고, 현재 일부의 잡사이트들이 헤드헌터로 하여금 훨씬 쉽게 인공지능을 이용하여 서칭을 할 수 있도록 돕고는 있지만 100% 인공지능으로 대처할 수 있는 직업은 아닐 것으로 본다.

우리 모두가 메달리스트

은희주

헤드헌터란 직무에 도전해 보고자 하는 분들께 먼저 이 일을 해본 사람으로 한 말씀 드리자면, 모든 일이 그렇듯 절대 쉽지 않지만 그 나름대로의 보람과 성취가 있고 결과에 대한 보상도 있다는 점이며, 이 모든 성취와 보상은 철저히 나 스스로 만들어가야 한다는 점이다. 또한 팀으로 하는 일이 아니고 모든 것을 나 혼자 감당해야 하며 그렇기에 다소 외로운 직업일 수 있다. 우리나라뿐만 아니라 해외에서도 인재 영입에 많은 어려움을 겪고 있는 현실 속에서 기업의 인재를 내 노력으로 영입하게 하여 그 기업의 발전과 기여에 보람을 느끼고 싶은 분, 바로바로 진행되지 않아도 조급해하지 않고 길게 보고 꾸준히 우직하게 걸어갈 수 있는 분, 그리고 일과 함께 다소 자유로운 시간을 즐길 수 있는 우리 일만의 장점이 좋다고 생각하시는 분들께는 적극적으로 추천하고 싶은 업무이다.

AI가 발달하면서 현재 사람이 하는 많은 일을 대체하는 시대가 이미 오기 시작했고 앞으로 더 많은 분야에서 그 역할이 증대될 거라고 생각한다. 헤드헌팅의 업무에서도 AI가 후보자 검색 등의 역할을 어쩌면 사람보다 더 잘할 수 있다고도 볼 수 있지만, 고객사와의 관계 유지와 커뮤니케이션, 종종 바뀌는 JD 및 선호 연령 등의 수많은 디테일을 고려해 봤을 때 AI가 우리 일을 완전히 대체하기는 무리가 있지 않을까 개인적으로 생각해 본다.

이 일을 하면서 늘 느끼는 것은 이 일이 우리네 인생과 상당히 닮아있다는 점이다. 노력이 없으면 아무것도 얻을 수 없다는 당연한 사실에서부터, 노력한다고 반드시 성취로 이어지는 것도 아니며 언제나 노력과 함께 운도 따라줘야 한다는, 내가 인생을 살면서 느낀 점을 이 일을 하면서 자주 떠올리곤 한다. 하지만 노력하는 사람들은 쉽게 포기하지 않기 때문에 이러한 노력이 끈기와 인내심으로 쌓였을 때 그 성과가 반드시 드러나는 점 또한 우리 일의 매력이라고 생각한다. 어찌 보면 참으로 정직한 일이라고 할 수 있겠다.

인생에서 본인의 땀과 노력으로 힘든 걸 이루어내는 사람들을 보면 모든 걸 뛰어넘어 존경할 수밖에 없다. 개인적으로 올림픽 경기 메달리스트들을 볼 때 우리 국민이 메달을 딴 것에만 그 기쁨이 국한되지 않고 이면에 있을 그들의 땀과 눈물과 역경까지 함께 생각하면, 설사 우리 국민이 아니라 하더라도 그들의 끊임없는 노력과 성취에 박수를 보내지 않을 수가 없다.

헤드헌팅 업무도 마찬가지다. 한 건의 성공에 몇 달의 노력이 요구되기도 하고 늘 타 서치펌과의 경쟁에서 1위를 해야만 성과로 이어진다. 중간중간 회사와 후보자 양측 사정으로 적합함에도 성공으로 이어지지 않는 경우도 있지만 이 분야에서도 늘 승자는 존재하기 마련이다. 그들에게는 같은 일을 하는 동료로서 가슴속으로부터 뜨거운 박수를 보내고 싶다.

그리고 이 또한 우리네 인생과 많이 닮아있다. 우리 사회 어느 곳에서든 그 분야의 메달리스트들은 존재한다. 그들은 공통적으로 그 분야에서 다른 경쟁자들보다 많은 시간과 노력 그리고 인내심을 쏟아 부은 결과이기에 참으로 자랑스러운 일이 아닐 수 없다고 생각한다. 우리나라 젊은이들이 인생을 살면서 각자의 분야에서 금메달이든 은메달이든, 아니면 메달이 없어도 괜찮으니 목표를 가지고 최선을 다해서 각자의 메달을 가슴 속에 최소한 하나씩이라도 가질 수 있다면, 남이 알아주는 것과 상관없이 본인 인생의 커다란 밑거름이 되어 미래의 성장에 양분이 될 것임을 믿어 마지않는다. 그리고 그러한 일이 당연한 사회가 될 수 있기를 무엇보다도 기원한다.

전 망
맺음말에 겸하여

신중진

헤드헌팅은 빠르게 변화하는 산업 환경 속에서 꾸준히 성장하고 있다. 전 세계적으로 인재 채용 시장은 2023년 기준 1510억 달러 규모로 평가된다. 예측에 따르면 이는 2027년까지 연평균 7.5%의 성장률을 보이며 2170억 달러에 이를 것으로 전망된다. 이러한 성장은 기술의 발전, 글로벌화, 그리고 인재에 대한 투자의 증가가 원동력이다.

AI가 일자리를 대체하는 시대에 헤드헌팅 산업은 기술과 인간의 협력을 강화하며 발전할 것이다. 헤드헌터는 AI를 활용하여 효율적인 인재 매칭을 진행하고, 기업 문화와 가치에 부합하는 인재를 찾는 전략적 파트너로서의 역할을 강화할 것이다. 이는 소프트 스킬과 복잡한 문제 해결 능력을 갖춘 고급 인재에 대한 수요 증가를 반영한다.

또한 헤드헌팅 산업은 연속적인 학습과 적응을 통해 산업과 직업의 변화에 유연하게 대응할 필요가 있다. 새로운 기술과 산업 트렌드에 대한 지식을 갱신하는 것은 고객 기업과 후보자 모두에게, 가치 있는 인사이트와 조언을 제공하는 데 필수적이다. 이는 헤드헌터가 지속적으로 자신의 역량을 발전시키고, 변화하는 시장에서 중요한 역할을 수행하게 한다.

글로벌 인재 네트워크의 확장은 지리적 제약을 줄이고 전 세계의 인재에게 접근할 수 있는 기회를 제공한다. 헤드헌팅 산업은 다양한 문화와 환경에서 일할 수 있는 인재를 연결하는 데 중추적 역할을 할 수 있다.

〈우리는 헤드헌터입니다〉를 통해 우리는 헤드헌팅이 단순한 직업 소개를 넘어, 사람과 기업의 꿈을 이어주는 가교 역할을 수행한다는 점을 강조하고자 했다. 이 책에서 다룬 다양한 사례와 전문 지식이 헤드헌터뿐만 아니라 기업과 후보자 모두에게 새로운 통찰을 제공하길 바란다.

이 책을 마치며, 헤드헌팅이라는 산업이 앞으로도 계속해서 성장하고 변화할 것임을 확신한다. 기술의 발전과 인재에 대한 존중은 이 산업을 더욱 발전시킬 것이며, 피플케어는 이 변화의 최전선에서 역할을 다 할 것이다. 우리의 슬로건 '사람에 대한 존경심'은 이 모든 활동의 기반이며 앞으로도 우리의 방향을 이끌어갈 것이다.

독자 여러분도 이 책을 통해 헤드헌팅의 미래를 모색하며 각자의 자리에서 그 역할에 최선을 다해 성공적인 삶을 영위하시기를 바란다. 여러분의 관심과 지원에 깊이 감사드리며, 피플케어와 함께 더 밝고 희망찬 미래를 만들어가는 여정에 계속 동참해주시길 바란다.

참고자료

1 산업 통계 출처

전 세계적으로 인재 채용 시장은 2023년 기준 1510억 달러 규모로 평가되며, 2027년까지 연평균 7.5%의 성장률을 보일 것으로 예상된다(Cognitive Market Research). 한국 경제는 수출 지향적인 구조에서 점차 내수 중심으로 변화하고 있으며, 헤드헌팅 산업 역시 이러한 경제 환경 변화에 맞추어 적응하고 있다 (OOSGA).

헤드헌팅 산업은 AI를 활용하여 인재 매칭의 효율성을 높이는 동시에, 기업 문화와 가치에 부합하는 인재를 찾는 데 중요한 역할을 하고 있다. 한국의 소매 시장 규모는 2022년 기준 473.61억 달러였으며, 2032년까지 4.46%의 연평균 성장률을 기록할 것으로 예상된다(Spherical Insights). 이러한 성장은 헤드헌팅 산업에도 긍정적인 영향을 미칠 것으로 보인다.

2 한국 통계 : 헤드헌팅 산업에 대한 구체적인 통계는 나오지 않음.

글로벌 헤드헌팅 시장은 한국을 포함하여 높은 성장을 보여준다. 글로벌 시장은 2032년까지 상당한 규모에 이를 것으로 예상되며, 이는 헤드헌팅 산업이 변화에 적응하고 성장할 수 있음을 시사한다(Econ Market Research)(Cognitive Market Research).

우리는 헤드헌터입니다
피플케어 헤드헌팅 사례집

저　자	신중진 외 10인 (마이클 조, 은희주, 김영순, 하철호, 홍순만, 이정량, Chole, 윤정화, 이리예, 이제욱)
발행처	(주)피플케어코리아
출판등록	제2019-000159호
주　소	서울특별시 강남구 영동대로 511, 트레이드타워 27층, 33층 (삼성동, 무역센터) 우편번호 06164
전　화	02) 552-2367
팩　스	02) 552-1984
홈페이지	http://www.peoplecare.co.kr
이메일	info@peoplecare.co.kr

저작권자 @ 2024 (주)피플케어코리아
이 책의 저작권은 (주)피플케어코리아에게 있습니다. 저작권자와 출판사의 허락 없이 내용의 일부를 인용하거나 발췌하는 것을 금합니다.

COPYRIGHT @ 2024 by PeopleCare Korea Inc.
All right reserved including the rights of reproduction in whole or in part in any form Printed in KOREA.

초판1쇄 발행　2024년 9월 10일

정 가　16,000원
ISBN　979-11-966603-4-5　03320

잘못된 책은 구입하신 서점에서 바꿔드립니다.